AF551283

SO VIEL LEBEN

KATARINA WITT

Mit Dorit Aurich

JVC
Canon

So viel Leben

...... soooooo viel Leben! Und ich könnte noch Hunderte O's dranhängen. So viel Freude, Erfüllung, Ungeduld, Demut, Liebe, Siege, Sonnenuntergänge, Musik & Farben & Lachen & Blumen & Abenteuer durfte ich bisher erleben. Auch Herzschmerz, Trauer, Wut, Niederlagen und Mutlosigkeit waren natürlich dabei. Wenn auch, zum Glück, recht wenig, und das ist das Stichwort: Glück. Denn das hat mich oft im Leben begleitet.

Ich war Leistungssportlerin, bin zweifache Olympiasiegerin im Eiskunstlaufen (und halte diesen Rekord immer noch), erkämpfte zahllose Welt-, Europa- und Nationalmeistertitel, die den Moderatoren immer zu viel und immer zu lang sind, um mich flott ansagen zu können, bin Showproduzentin, Eiskunstlauf-Sportexpertin im Fernsehen im In- und Ausland und durfte mich als Schauspielerin auf der Bühne, im Fernsehen und auf der Leinwand ausprobieren. Ich bin im Besitz von einigen wunderbaren goldenen und gläsernen Preisen, Plaketten, Trophäen und Auszeichnungen, mit denen sich die Sport- und Showbranche verdientermaßen feiert, werde immer wieder als Talkgast und Gesprächspartnerin geladen, bin Motivationsrednerin, Geschäftsfrau und Weltenbummlerin – und habe eine Stiftung gegründet, die Kinder und Jugendliche mit körperlicher Behinderung fördert und unterstützt.

Eines bin ich aber in all den Jahren immer geblieben: Ihre und Eure Katarina.

Jetzt habe ich das Glück, einen Bildband gestalten zu dürfen, und so hing ich die letzten Monate zwischen Kisten und Alben herum und an Erinnerungen und Anekdoten fest. Das Fernsehgeschäft, die Pressefotos, das dazugehörige Image sind viel zu oft mehr Schein als Sein.

Der Leistungssport hat mich das Gegenteil gelehrt. Das rettet mich heute davor, im schnellen, erbarmungslosen und zu oft oberflächlichen, bunten Showbiz unterzugehen. Die ungeschminkte Wahrheit zu schätzen, das verdanke ich dem Sport. Genau zu unterscheiden, was Realität und was Fassade ist. Mehr Sein und weniger Schein! Ich finde immer mehr Freude und Erfüllung im Privaten, im Stillen, im ganz normalen Leben außerhalb des Scheinwerferlichts.

So viele kleine und wunderbare, zum Teil schon vergessene Schätze habe ich beim Wühlen in meinen Archiven und unaufgeräumten Kisten gefunden, dass ich jetzt richtig froh bin, sie wieder entdeckt und aus dem Schlummer geholt zu haben. Mit diesem Buch möchte ich Sie und Euch, meine Fans und Wegbegleiter, an meinen Erlebnissen und Geschichten teilhaben lassen. Es ist mir ein Vergnügen, gemeinsam einmal etwas mehr als gewöhnlich hinter die offizielle Fassade zu blicken. Es gibt Schnappschüsse, die den klitzekleinen Moment für immer festhalten, der einem eigentlich nur selbst gehörte. Dies aber zusammen anzuschauen, macht einfach mehr Spaß!

Das Buch ist ein Dankeschön an all die Menschen, die treu und neugierig meine Karriere mitverfolgt haben und nun gern mit mir gemeinsam zurückblicken und hoffentlich wie ich bei manchen Fotos und Episoden schmunzeln müssen, nachdenklich werden, vielleicht ein klein wenig Wehmut hier und da empfinden und doch wiederum froh sind, im Heute und Jetzt angekommen zu sein!

Von ganzem Herzen grüßt

Katarina

P.S. Ich bin mir nicht sicher, wofür ich mich mit diesem Lebenslauf mit 19 Jahren bewarb, aber irgendwie gehörte es in der DDR dazu, ihn zu schreiben. Oh Gott, klinge ich diszipliniert und ehrgeizig. Damit es nicht gleich am Anfang zuviel wird, lass ich die zweite Seite lieber weg ;-)

Lebenslauf

Am 3.12.1965 wurde ich, Katarina Witt, in Staaken geboren.
Mein Vater, Manfred Witt, ist im VEB Saat- u. Pflanzgut als Betriebsteilleiter beschäftigt. Er ist Mitglied der SED.
Meine Mutter, Käte Witt, geborene Sonntag, ist als Physiotherapeutin im Klinikum am Küchwald tätig.
Mein Bruder, Axel Witt, ist 22 Jahre alt, verheiratet und studiert an der DHfK in Leipzig.
Ich besuchte die Kinderkrippe und den Kindergarten bis ich 1972 in die „Ernst Thälmann Oberschule" eingeschult wurde.
Dort bin ich in die Reihen der Jungpioniere aufgenommen worden. Durch Besuche unserer Kindergartengruppe in die Eissporthalle, ist mein Interesse für ~~diese~~ das Eiskunstlaufen erwacht.
Im April 1970 begann ich meine ersten Schritte auf dem Eis und mit der Aufnahme 1970 in den Sportclub K.-M.-St. meine aktive Laufbahn.
Mit meiner Zugehörigkeit zum SCK war ein Schulwechsel in die „KJS Eislauf" verbunden. Dort wurde ich in der 4. Klasse in die Pionierorganisation „Ernst Thälmann" aufgenommen und übte verschiedene Leitungsfunktionen aus.
Auch als ich in der 8. Klasse, Schuljahr 79/80 in die FDJ aufgenommen worden bin, übernahm ich die Aufgabe als Kassiererin.
In diesem Jahr erhielt ich meine Jugendweihe.
Zu diesem Zeitpunkt konnte ich schon viele ~~int~~ nationale und internationale Erfolge aufweisen. Auf Grund dieser Erfolge bin ich in unsere Nationalmannschaft einberufen worden und vertrat mein Land 1980 zum 2. Mal bei den Europameisterschaften und zum 1. Mal zu den Weltmeisterschaften.
Mit Betreten der internationalen Eislaufszene reifte in mir der Wunsch einmal an Olympischen Spielen teilnehmen zu können und als 1980 meine damalige Trainingskameradin Anett Pötzsch Weltmeisterin wurde, dachte ich für mich, daß ich es auch schaffen möchte, eines Tages das oberste Treppchen zu besteigen.

Dieses, mein Ziel, bedeutete aber nun noch mehr härteres Training, weiteren Verzicht auf Freizeit und anderer Hobbies, aber auch noch eine bessere

Meine Kindheit war, wie man so sagt, fröhlich und unbeschwert. Ich lebte in Chemnitz, das zu der Zeit Karl-Marx-Stadt hieß. Und auch meine Jugend habe ich als glückliche Zeit in Erinnerung: Kinderkrippe, Kindergarten, gemeinsames Zimmer mit meinem großen frechen, Fußball spielenden Bruder. Jugendweihe und endlich ein eigenes Mädchenzimmer mit neuer Schrankwand, Klappcouch mit Samtbezug und reichlich Plüschtieren. Das ganze Programm eben.

Ich wuchs in einem liebevollen Elternhaus auf, das mich sehr behütete, förderte, beschützte und schon früh meinen Dickkopf akzeptierte. Zum Glück. Wer weiß, welchen Lebensweg ich gegangen wäre, wenn ich meine Eltern damals nicht so hartnäckig mit meiner Eislust genervt hätte ...

Meine Jugend verlief schon ein wenig anders als die Gleichaltriger, und manchmal sehnte ich ein Stückchen Normalität herbei. Aber wirklich nur manchmal! Wenn die Trainingsstunden zu lang, zu hart waren oder die Sonne im Sommer einfach zum Baden einlud und wir stattdessen in der Hitze unsere Runden hechelnd rannten. Aber was bin ich froh, dass meine Sehnsucht nach dem Eis am Ende immer größer war.

Über all die Jahre war meine Familie mein Fels in der Brandung, sie erlebte meine Höhen und Tiefen hautnah mit und tröstete mich, wenn es nötig war. Sie war ein verlässlicher Rückzugsort – vor allen Dingen, wenn mein Training phasenweise mal nicht so diszipliniert und Erfolg versprechend verlief, wie gewünscht, und die Wellen der Ernüchterung hoch schlugen und Frau Müller Alarm.

Noch heute verspüre ich die uneingeschränkte Liebe meiner Eltern. Für sie bin ich glücklicherweise schlicht ihr Töchterchen geblieben, und ich glaube, manchmal stehen auch sie kopfschüttelnd da und wundern sich, wie weit ich in die Welt hinauszog, um sie ein wenig zu erobern.

Mit meinem Bruder Axel und
meinem Cousin Thomas

Diese Welt meiner Kindheit beschränkte sich aufs Zelten im Garten meiner Tante & meines Onkels. Den Ostseestrand auf Hiddensee eroberte ich in den zu großen Latschen meiner Mama …

Ein Weltstar bei den Weltfestspielen

Flughafen Sunan, Freitag mittag, 12.35 Uhr Ortszeit: Eine Maschine der koreanischen Fluggesellschaft vom Typ IL 62 rollt aus, und wenig später kommt eine junge Dame die Gangway herunter, deren Besuch sich bei den Weltfestspielen längst herumgesprochen hatte. Katarina Witt – ein Weltstar bei den Weltfestspielen – Eiskunstlauf-Olympiasiegerin von 1984 und 1988, ist der Einladung des Vorbereitungskomitees der KDVR gern gefolgt, auch wenn Auftrittsverpflichtungen nur einen kurzzeitigen Aufenthalt in Phjongjang gestatten.

Während Katarina auf ihre Koffer wartet, werden bereits Modalitäten ihres hiesigen Auftritts besprochen. Sonnabend nachmittag, so gegen 15 Uhr, wäre eine gute Zeit, schlägt sie vor. Doch man möchte dem Ehrengast auch die große Sportschau im Kim-Il-Sung-Stadion vorführen, was zeitliche Probleme mit sich bringt. „Gut, fangen wir eben eher an, das ist mir gleich", Katarina nimmt's locker und richtet sich ganz nach den Vorstellungen des Veranstalters.

In Phjongjang dabei

Doppelolympiasiegerin Katarina Witt

Übrigens zeugt eine in der KDVR emittierte Briefmarke mit einer Abbildung Katarina Witts von ihrer Popularität hierzulande.

Die ersten Festivaleindrücke wird Katarina zweifellos von ihrem Freund Ingo Politz vermittelt bekommen. Als Schlagzeuger der Rockgruppe „datzu" hält er sich seit einigen Tagen in Phjongjang auf.

Mit Katarina Witt unterhielt sich nach der Ankunft in Phjongjang unser Redaktionsmitglied Andreas Götze:

Erlebst du das erste Mal Weltfestspiele?

Eigentlich ja. Ich war zwar schon 1973 in Berlin mit meinen Eltern dabei, doch da war ich acht Jahre alt und habe nur noch in Erinnerung, daß in der Stadt ein unheimlicher Trubel herrschte. Jetzt freue ich mich, das Fest einmal direkt miterleben zu können.

Welche Bedeutung mißt du diesem Fest bei?

Die Weltfestspiele sind ein aus- zeichneter Ort, an d- lic-

Menschheit wie die nach der Erhaltung des Friedens verständigen können. Insofern erinnert mich dieses Festival mit seiner Bedeutung für die Völkerverständigung an die Olympischen Spiele.

Wie ist deine Tournee in den USA beim Publikum angekommen?

Großartig. Überall traten wir vor ausverkauften Häusern auf, bis zu 22 000 Zuschauer besuchten die Veranstaltungen. Ich staune auch, daß ich anderthalb Jahre nach den Spielen von Calgary überall immer noch mit so großer Begeisterung empfangen werde. Am Tag hatte ich zwei Auftritte zu bestreiten, dazu noch jeweils am Ende ein Schaulaufen. Außerdem täglich Busfahrten und Flüge, ein anstrengendes Programm.

Was wirst du bei deiner Vorstellung hier in Phjongjang ...

Ich ha...

Nr. 159 / Sonnabend/Sonntag, 8./9. Juli 1989 4

Auch in Phjòngjang ging es nicht ohne Zugaben ab

Eisshow mit Kati Witt zum Schluß des Sportprogramms

Ein einstündiges Schaulaufen im Eisstadion von Phjòngjang beendete das sportliche Programm der XIII. Weltfestspiele. 5000 Zuschauer, unter ihnen Kim Il Sung und weitere Ehrengäste, erlebten dabei einen bunten Wirbel sportlicher Schwierigkeiten und jugendlichen Charmes.

Den Auftakt der Eisshow bildeten Nachwuchsläufer aus dem Gastgeberland. Mit viel Applaus wurden dann auch die Auswahlasse der KDVR bedacht, bei denen weitere Fortschritte unverkennbar waren.

Für den unumstrittenen Höhepunkt der Gala, an der Läufer aus der DDR, der KDVR, der ČSSR und der UdSSR teilnahmen, sorgte dann aber die zweimalige Olympiasiegerin Katarina Witt. Schon bei ihrem ersten Auftritt wartete sie erneut mit einer vor allem auf ihre Ausdrucksstärke setzenden Choreographie auf. Als sie dann am Ende des Schaulaufens in einem pinkfarbenen Kostüm den Manhattan-Transfer-Titel „Why not" interpretierte, forderten die begeisterten Zuschauer eine weitere Zugabe. Im Anschluß an ihren Tanz nach Musik aus dem Musical „Miserable" flogen Blumen über Blumen aufs Eis, mit denen das Publikum den Star des Nachmittags herzlich verabschiedete.

Katarina Witt überzeugte mit Ausstrahlungskraft und sportlichem Können Telefoto: Oberst

Bei den Weltfestspielen der Jugend 1973 in Berlin war ich selbst noch auf Autogrammjagd … und im turbulenten Jahr 1989 Teil der DDR-Delegation in Pjöngjang.

Training, Training und nochmals Training! Eis von früh bis spät. Dazu kamen Athletik, Ausdauer und Krafttraining. Ballett und Choreografie. Ich habe meine Bestimmung sehr früh gefunden und bin dafür sehr dankbar, aber ich habe auch immer alles dafür gegeben. Okay, ich geb's zu – manchmal war ich ein wenig faul und nahm bei Runden im Wald lieber die Abkürzung, die unsere Trainerin Frau Peterwitz aber schon längst kannte. Und wenn wir uns mal heimlich zum Bäcker »verliefen«, tat sie so, als hätte sie nix gesehen. Trotzdem war jede einzelne Sekunde meiner späteren olympischen Küren in den vielen Jahren meiner Amateurlaufbahn wirklich hart erarbeitet.

Auch wenn ich am Ende allein auf dem Eis stand und mich beweisen musste, gehörten viele, viele Helfer dazu, die mich eben mit genau derselben Leidenschaft betreuten, wie ich sie als Eisläuferin empfand. Das anstrengende Training ging oft genug bis zum Umfallen. Dass meine Lehrer über manch müde Stunden im Klassenzimmer verständnisvoll hinwegsahen oder mein langjähriger Choreograf Rudi Suchy mich ab und zu unter der Ballettstange ausruhen ließ, möchte ich an dieser Stelle dankbar erwähnen.

Die stets strenge und unnachgiebige Trainerin Jutta Müller entdeckte mich, als ich neun Jahre alt war. Bis dahin hatte ich auf dem Eis vor allem Spaß und ein wenig mehr Gemütlichkeit. Ich wusste, als Frau Müller mich »abwarb«: Jetzt wird es ernst. Sie begleitete mich fast 20 Jahre, und ich verdanke ihr alles. Mit vollem Einsatz an meiner Seite, immer genau so, wie es nötig war, streng oder glücklich mit mir und meiner Leistung. Sie fand die richtigen motivierenden Worte, wenn es mal nicht so glatt lief, und war auch sonst für mich da. Nicht nur als Trainerin, auch als Mentorin und Kostümdesignerin, sogar um meine Frisuren hat sie sich gekümmert und mir auch mal 'ne Stulle geschmiert.

Damen DDR- Meisterschaften Berlin, den 12./13. XII.

Kür :

Name, Vorname	Club	Preisrichter	1	2	3	4	5	6	7		Punkte (Platz)	+ Vorwert (Platz)	Punkte insges.	Platz-ziffer	Platz
Schulz, Marina	SCD	A	4.9	4.9	4.9	4.9	4.8	4.8	4.8	34.00	68.00 (9.)	49.20 (9.)	117.20	63	9.
		B	5.1	5.1	4.9	4.8	4.7	4.7	4.7	34.00					
Wirsing, Elke	SCE	A	4.5	4.3	4.7	4.6	4.4	4.6	4.6	31.7	62.50 (12.)	49.12 (10.)	119.62	84	12.
		B	4.4	4.2	4.5	4.5	4.3	4.4	4.5	30.8					
Heck, Ines	SCK	A	4.8	5.0	5.0	4.9	5.1	5.1	5.0	34.9	71.00 (7.)	52.20 (7.)	123.20	49	7.
		B	5.0	5.3	5.1	5.1	5.3	5.1	5.2	36.1					
Witt, Katarina	SCK	A	4.8	4.8	4.8	4.8	4.7	4.8	4.8	33.5	66.90 (10.)	48.00 (12.)	114.90	72	10.
		B	4.8	4.9	4.8	4.7	4.6	4.8	4.8	33.4					
Lorenz, Birgitt	SCK	A	4.9	4.9	5.1	5.0	5.0	5.1	5.0	35.0	69.50 (8.)	50.56 (8.)	120.06	63	8.
		B	4.9	5.0	4.9	4.8	5.0	5.0	4.9	34.5					
Adamski, Sylvia	TSC	A	4.8	4.8	4.7	4.7	4.5	4.7	4.7	32.9	65.20 (11.)	49.08 (11.)	114.28	74	11.
		B	4.6	4.7	4.6	4.6	4.6	4.6	4.6	32.3					
Enke, Karin	SCE	A	5.6	5.6	5.6	5.6	5.6	5.6	5.7	39.3	78.00 (3.)	61.00 (3.)	139.00	21	3.
		B	5.5	5.5	5.6	5.5	5.4	5.6	5.6	38.7					
Weißenberg, Carola	SCD	A	5.4	5.3	5.4	5.3	5.4	5.3	5.4	37.5	75.00 (4.)	59.64 (4.)	134.64	28	4.
		B	5.3	5.4	5.4	5.3	5.3	5.4	5.4	37.5					
Teichert, Marion	SCK	A	5.1	5.2	5.2	5.2	5.2	5.2	5.2	36.3	72.90 (6.)	54.12 (6.)	127.02	42	6.
		B	5.2	5.3	5.2	5.2	5.2	5.3	5.2	36.6					
Weber, Marion	SCK	A	5.5	5.5	5.6	5.6	5.5	5.7	5.7	39.1	78.80 (2.)	67.36 (1.)	146.16	14	2.
		B	5.7	5.5	5.7	5.6	5.7	5.7	5.8	39.7					
Zobel, Karin	SCE	A	5.2	5.3	5.1	5.1	5.1	5.3	5.2	36.3	73.00 (5.)	56.72 (5.)	129.72	35	5.
		B	5.3	5.3	5.2	5.1	5.2	5.4	5.2	36.7					
Pötsch, Anett	SCK	A	5.9	5.9	5.9	5.9	5.9	5.9	6.0	41.4	82.70 (1.)	67.32 (2.)	150.02	7	1.
		B	5.9	5.9	5.9	5.9	5.9	5.9	5.9	41.3					

Preisrichter :

1 Walburga Grimm - Erfurt
2 Brigitte Haller - Berlin
3 Brigitte Hanke - Oberwiesenthal
4 Ingrid Linke - Erfurt
5 Renate Otto - K.-M.-Stadt
6 Sieglinde Schlicker - Leipzig
7 Günter Teichmann - Dresden

Mein Vati führte von Anfang an ausführlich Protokolle, damit die Preisrichter sich ja nicht verrechneten :)

Mein Blick im Pflichttraining
sagt eigentlich alles …

GREETINGS FROM EDMONTON
POST CARD
NIPPON 90
ZAGREB
LEIPZIGER FRÜHJAHRSMESSE 1977
DEUTSCHE DEMOKRATISCHE REPUBLIK
10
PERLE DES ERZ
Roseraie
Pont Bonaparte
BON
de
LYON
RABENBERG – Post Schwarzenberg
Sportschule des DTSB
Liebe Omi !
Viele liebe Grüße aus Rabenberg
sendet Dir Katarina.
Wir sind hier bis 7.4.77.
Es ist hier oben das schönste
Winterwetter. Es will gar nicht
wieder aufhören mit schneien.
Schwimmen gehen wir auch
sehr oft.
Tschüß
VEB Verlag Bildpostkarten
EVP -,20 M
Frau
KATOWICE
Liebe Richters und liebe Omi.
Viele liebe Grüße aus Katowice
sendet Euch Eure
Kati
Ich bin hier zum JWdF.
Nach Pflicht und Pflichtkür
liege ich auf dem 2. Platz.
Morgen ist die Kür dran.
Tschüß
DDR
Fam.
H.-J.-Richter
Finkenkruger Str. 77
154 Falkensee
KRAJOWA AGENCJA WYDAWNICZA
Wszelkie prawa zastrzeżone
ozn. kod
poczta
POLSKA

Parc de la Tête d'Or
N.-D. de Fourvière

Als ich 1979 mit 13 Jahren mein Europameisterschaftsdebüt in Zagreb gab und mit 14 zu meiner ersten Weltmeisterschaft nach Dortmund fuhr, ahnte ich nicht, dass ich später meine Eiskarriere mit der Zahlenreihenfolge 2–4–6–8 beenden würde: zwei Olympiasiege, vier Mal Weltmeisterin, sechs Mal Europameisterin, acht Mal nationale Meisterin.

Ich war damals die Jüngste im Feld, hatte noch kurze Haare, lief meine Kür in einem blauen Kleid, geborgt von Anett Pötzsch, sorgte mit meinen vier Dreifachsprüngen und meiner Unbeschwertheit für Aufmerksamkeit und belegte am Ende einen glücklichen 14. Platz. Ich wusste, die Leiter nach oben hatte noch viele Stufen, die ich aber tatsächlich Jahr für Jahr raufkletterte, und mit 17 wurde ich erstmals Europameisterin in Dortmund. Das schwarze Kleid für meine Gold-Kür war übrigens wieder von Anett geerbt. Sie hatte es 1980 beim Schaulaufen getragen, nachdem sie in Lake Placid die erste Olympiasiegerin der DDR geworden war.

Viel lieber als das tägliche harte Training hatte ich die Wettkämpfe. Je größer der Druck war und je mehr ich mit dem Rücken zur Wand stand, desto besser war ich. An dieser meiner Stärke verzweifelten meine Konkurrentinnen manchmal.

Für eine Sportlerin ist es das Größte, bei den Olympischen Spielen dabei zu sein. 1984 war es für mich soweit. Ich reiste schon als Favoritin an, hielt aber den Ball flach und war überwältigt von der Strahlkraft der Spiele und schließlich von der unglaublichen Popularität, die ich nach dem Gewinn der Goldmedaille erlebte. Besonders in den USA. Ein amerikanischer Journalist textete von Sarajevo in seine Redaktion, er habe Brooke Shields auf Schlittschuhen gesehen, und laut einer Sportillustrierten seufzte ein hartgesottener Fernsehreporter: »Wenn das das wahre Gesicht des Sozialismus ist, dann kann Amerika von mir aus sozialistisch werden. Aber wieso, verdammt, kommt sie nicht aus Hollywood?« Tja, die USA wurden bekanntermaßen nicht sozialistisch, aber ich sollte später wirklich die Gelegenheit bekommen, Hollywoodluft zu schnuppern. Mit meinem ersten Olympiasieg wurde ein großer, großer Traum wahr.

Ein Ritual, das uns ganz, ganz wichtig war. Frau Müller legte ihre Hand auf meine.
Ein letzter bestärkender Moment.

Roselynn Sumners und Kira Iwanowa machten es mir nie leicht zu gewinnen.

Nach zwei
„Vaterländischen
Verdienstorden"
bekomme ich mit
22 Jahren die
Ehrenspange dazu.

Als „Sportler des Jahres" 1984 geben wir gern unseren Fans Autogramme.

Drittes WM-Gold! Katarina ist die „Königin on Ice“

● Eiskunst-WM in Cincinnati, 15 000 johlende Zuschauer, als letzte Läuferin muß Katarina Witt raus. Die 21jährige aus Karl-Marx-Stadt schwebt aufs Eis (Foto rechts). Dabei lastet auf ihr enormer Druck, denn Titelverteidigerin Debi Thomas (USA) hat eine starke Kür vorgelegt. Aber Katarina die Große ist die ‚Königin on Ice': Sie springt den dreifachen Rittberger, bei dem sie im Einlaufen stürzte. Gewinnt vor Thomas und Kadavy (beide USA) wieder WM-Gold – zum dritten Male nach 1984 und '85.

Achtbar schlägt sich Claudia Leistner (6.), Susanne Becher wird 12. Aber in den Kampf um die Medaillen konnten unsere Läufer und Läuferinnen nie eingreifen. Anwärter auf Olympia-Metall sind Sowjets (5 Medaillen), Amerikaner (4 Medaillen), Kanadier (2 Medaillen) – und Katarina.

Als „das schönste Gesicht des Sozialismus“ lobten die Amerikaner Katarina Witt („DDR“), hier mit Trainerin Jutta Müller

Bild
14.03.87

Für meine „Maria“ aus der West Side Story bekomme ich in Cincinnati die erste 6.0!

Meine Eltern waren froh, ihr Töchterchen gesund wiederzuhaben.

Auf dem Eis stand ich allein, aber die Freude teilte ich am Liebsten mit allen.

Ab und zu, möglichst ganz wenig, wurde zwischen die Trainingseinheiten fix ein Shooting geschoben, für die »Sibylle« oder ausnahmsweise für ein Magazin »aus dem kapitalistischen Ausland«. 1988 wurde es Zeit, ein paar professionelle Autogrammkarten herzustellen. Seit 1984 bekam ich Badewannen voll mit Autogrammpost, leider teilweise bis heute nicht beantwortet, und Frau Müller und ich wollten nun auch auf diesem Gebiet Weltspitze anstreben. Also endlich ein professionelles Studioshooting, ein professionelles Make-up und ein professioneller Hintergrund – in diesem Fall reichlich und viel Folie.

In den Jahren 1988 und 1989 pendelte ich zwischen Ost und West. Die DDR gab es noch, mich ebendort auch, und so sollte es nach Meinung der Staatsführung in Zukunft möglichst bleiben. Also bekam ich immer mal Sondergenehmigungen, um zwischen den Welten zu wandeln. Eine davon betraf im Herbst 1988 Aufnahmen für das Modemagazin »Elle« mit dem legendären Fotografen Gunter Sachs. Es machte großen Spaß, und lustigerweise gab es auch hier reichlich und viel Folie. Also so verschieden waren wir dann doch nicht in Ost und West.

Dem Event sollten in den kommenden Jahren zahlreiche Fotoshootings und Werbeaufnahmen folgen. Die Teams wurden immer größer, die Klamotten internationaler und ausgefallener. Und einmal habe ich eben auch mal nix angehabt. Für die prestigereiche Weihnachtsausgabe des amerikanischen »Playboy« trug ich 1998 mein Fell so teuer wie möglich zu Markte. Es hat sich auch für sie gelohnt: Die Ausgabe mit meinem Cover war weltweit ausverkauft – erst zum zweiten Mal in der Geschichte des Magazins nach der mit Marilyn Monroe. Bis heute! Ach, ich liebe Rekorde.

Am außergewöhnlichsten finde ich nach wie vor meinen Titel auf der »Time«. Nicht so viele Deutsche haben das bisher geschafft. Na gut, ich teilte ihn mir mit Debi Thomas: sie in den USA und ich in Europa.

Da, wo sonst die Politiker und Künstler ihren Kopf hinhielten, stand ich nun als „Showgirl".

Irgendwie wird es immer ein Rätsel sein,

Warum man Autogramme sammelt und gibt.

Schön war die Arbeit
und das Lachen
Dein

Endlich konnten Klamotten
aus dem Modeinstitut der DDR
auch mal in den Westen
reisen.

Till Brönner, einer der besten
Trompeter der Welt,
„schoss" mein Coverfoto.

2x wurde ich in der Liste unter die „50 schönsten Menschen" gewählt …

… noch „cooler" fand ich diese Anzeige in den großen Magazinen Amerikas.

alverde
Mit Extra-Heft Gesundheit
Katarina Witt
Die Liebe
Brünett
Beckenboden

International FIGURE SKATING
Dallas
SKATING FAIR
The Sullivan for Hughes
a Family Feud
ROZ'S SHOW
Katarina Witt
SO MANY STORIES TO LIVE

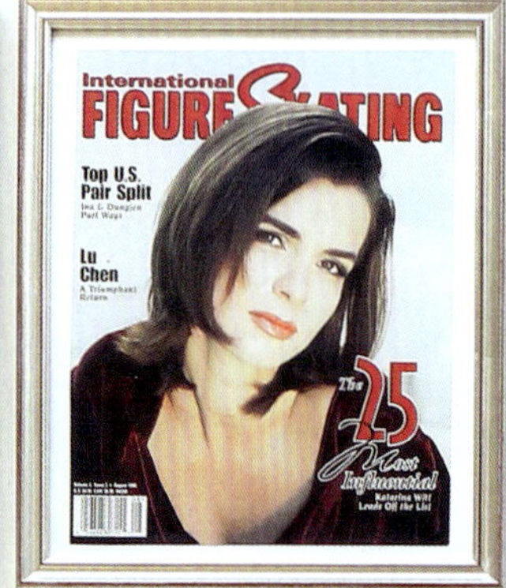
International FIGURE SKATING
Top U.S. Pair Split
Lu Chen
The 25 Most Influential

WeightWatchers
MAGAZIN
Katarina Witt
Der ProPoints Plan 360°
42 SEITEN SCHLEMMEN
MODE & SCHÖNHEIT
WOHLFÜHLEN
Weight Watchers Award 2012
7 EINFACHE YOGA-ÜBUNGEN FÜR SIE

TIME
Special Olympic Preview
East Germany's Katarina Witt
Winter Wonders

SKATING'S MOST COMPREHENSIVE NEWS MAGAZINE!
BLADES ON ICE
10 YEARS of LADIES SKATING III
1984–1994

PLAYBOY
GALA CHRISTMAS ISSUE
Gold Medal Ice Skater
KATARINA WITT NUDE
INSIDE THE PLAYBOY MANSION
INCREDIBLE TRIPLET PLAYMATES

ALLES, WAS MÄNNERN SPASS MACHT
PLAYBOY
Katarina Witt

PLAYBOY
КАТАРИНА ВИТТ
произвольная программа
PLAYMATE 2000!

PATINAGE
MAGAZINE
Carmen
KATARINA WITT
BRIAN BOITANO

SPORTS
FUSSBALL
Achtung Amerika, Klinsmann kommt
DAS COMEBACK
Mach's noch einmal, Kati
Die Witt über
Das Geheimnis ihrer Kür
Das Problem, Star zu sein
Die Sexspitzel der Stasi

Satire, Humor, Nonsens plus ultra
EULENSPIEGEL
Januar
Comeback für Kati

Wellness for you!
Seitensprung
Mood-Food
Plastische Chirurgie
Wohlfühlen Zuhause
Mehr Power dank Pilates
Katarina Witt:
Großes Extra!

VANITY FAIR
LEONARDO DICAPRIO
PRINZ CHARLES
DIE RÄDER STEHEN STILL
KATARINA WITT
Verliebt
• IN IHRE NEUE FREIHEIT
• IN DIE PRACHT RUSSLANDS
• UND JA, IN EINEN MANN

Berlins bester Adventskalender
3.50
PRINZ
KINKY BERLIN!
Sex in New York
Gutschein zum Ruhm
Heißkalt
Songschreiberin und Hollywoods Liebling. Die zweite Karriere der Kati Witt
GEWINNEN! 10 SEAT!

stern
• Mehr Kraft
• Mehr Ausdauer
• Mehr Lust am Leben
Fit mit Kati Witt
MIT CD: DER BESTSELLER-AUTOR LIEST SEIN ERSTES KAPITEL VOR
JOHN LE CARRÉ

stern
STERN EXTRA
STERN exklusiv
Katarina die Große
Eisprinzessin Kati Witt über Stasi, Sport und Sex

SPORTS
„Nun geht's erst richtig los"
Kati im Wunderland
JETZT NEU MIT sport ILLUSTRIERTE

PLAYBOY
KOPFGELDJÄGER IN NEW YORK
DER GROSSE GROUPIE-REPORT
ESTEFANIA
TV TOTAL FÜR MÄNNER
Die Eisbrecherin
Katarina Witt

GW GERMAN WORLD
BILINGUAL MAGAZINE
CULINARY SPECIAL
THE LATEST TRENDS
GREAT GERMAN WINE REGIONS
READERS' CHOICE
YOUR FAVORITE RESTAURANTS
NEUE KARRIERE IN FILM & FERNSEHEN
Katarina Witt
FIT, FREE AND FABULOUS!
YOUR SOURCE OF GERMAN-AMERICAN NEWS IN THE US

L'EQUIPE MAGAZINE
LA NOUVELLE WITT

Maclean's
THE GULF: GOING THE FINAL MILE
WARS ON ICE
New-Style Figure Skating Takes On The Traditional Pageants

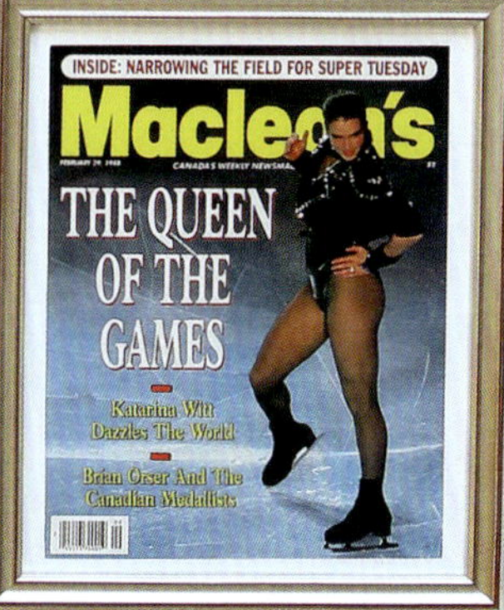
INSIDE: NARROWING THE FIELD FOR SUPER TUESDAY
Maclean's
THE QUEEN OF THE GAMES
Katarina Witt Dazzles The World
Brian Orser And The Canadian Medalists

go!d
Das Magazin der Deutschen Sporthilfe
Mein Olympia
Was unsere Athleten antreibt
Deutsche Sporthilfe

Calgary '88

Als ich lang ausgestreckt, völlig geschafft und unter dem brausenden Applaus des Publikums als »Carmen« auf dem Eis lag, war noch nicht klar, ob ich gewonnen hatte. Ich musste warten, bis Debi Thomas – ebenfalls als »Carmen« – ihre Kür gelaufen war.

Welch unglaublicher Zufall, dass bei den Olympischen Spielen 1988 im sonnigen Calgary ausgerechnet Debi und ich, die beiden stärksten Konkurrentinnen der letzten drei Jahre, uns unabhängig voneinander für die Musik von Georges Bizet entschieden hatten. Für die Medien ein Coup, welcher als »Battle of the Carmen« betitelt wurde und in die Geschichte des Eiskunstlaufs einging. Die Kür war für den Samstagabend angesetzt: Primetime. Der Fernsehsender ABC meldete eine Quote von 40,2 Prozent. Einschaltrekord.

Ich versuchte, meine »Carmen« verführerisch zu zeigen, zu kokettieren, ihre Geschichte von Liebe, Schmerz und Trauer choreografisch umzusetzen. Und natürlich »starb« ich am Ende.

Debi stellte mit ihrer »Carmen« die Lebensfreude in den Mittelpunkt und hatte sich dazu von dem fantastischen russischen Ballettvirtuosen Mikhail Baryshnikov künstlerisch beraten lassen. Ihre Kür war dynamisch-sportlich.

Während die Konkurrenz auf dem Eis schon in vollem Gange war, lief ich mich backstage warm, landete dabei vor lauter Nervosität immer wieder vor dem Spiegel und malte laufend an mir herum, weil mich das beruhigte. Dabei muss ich Lidschatten, Lidstrich und meine knallroten Lippen wirklich oft nachgeschminkt haben, denn über mein ausdrucksstarkes Make-up schmunzele ich noch heute. Na ja, es passte zur Dramatik des Abends.

Als ich dann rausging, lag tonnenweise Druck auf meinen Schultern, wissend, Milliarden Menschen weltweit sahen die Liveübertragung im Fernsehen. In der Halle brannte die Luft vor Spannung. Der sportliche Wettkampf wurde damals auch als ein politischer Kampf gesehen und benutzt. Ost gegen West. Kommunismus gegen Kapitalismus.

Um es kurz zu machen, ich gewann meine zweite olympische Goldmedaille. Ich war so froh und erleichtert, und ich gebe es zu: Ich war auch so stolz!

Die Anfragen für Interviews nahmen
kein Ende, wir „mussten" eine
Pressekonferenz geben. Über 600
Journalisten drängten sich im
überfüllten Saal.
In der Eislaufgeschichte bis
dato einmalig.

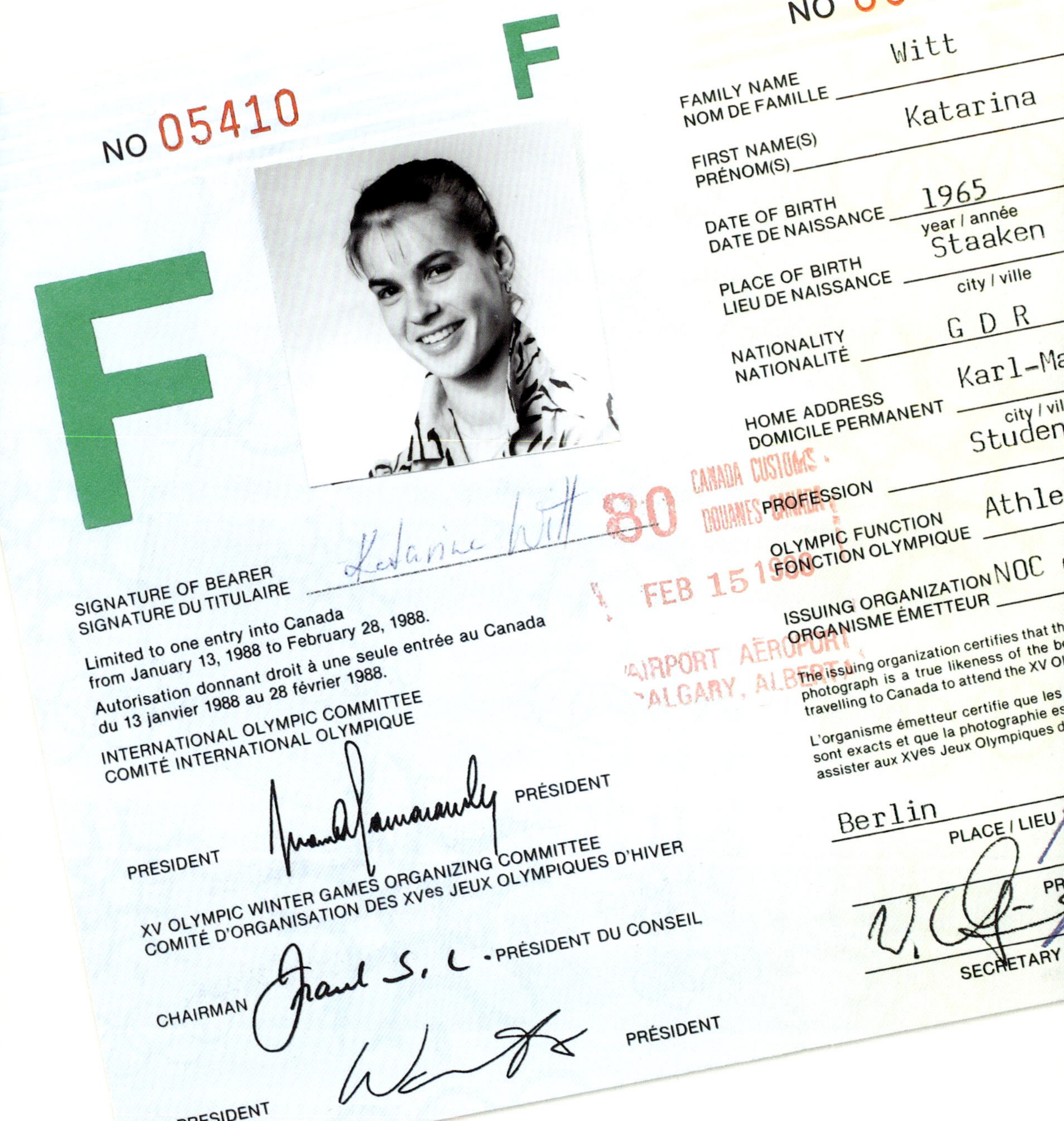

F

NO 05410

F

NO 05410

FAMILY NAME
NOM DE FAMILLE Witt

FIRST NAME(S)
PRÉNOM(S) Katarina

DATE OF BIRTH
DATE DE NAISSANCE 1965
year / année

PLACE OF BIRTH
LIEU DE NAISSANCE Staaken
city / ville

NATIONALITY
NATIONALITÉ G D R

HOME ADDRESS
DOMICILE PERMANENT Karl-Ma
city / vill

PROFESSION Studen

OLYMPIC FUNCTION
FONCTION OLYMPIQUE Athle

ISSUING ORGANIZATION
ORGANISME ÉMETTEUR NOC

SIGNATURE OF BEARER
SIGNATURE DU TITULAIRE Katarina Witt

CANADA CUSTOMS
DOUANES CANADA
80
FEB 15 1988
AIRPORT AÉROPORT
CALGARY, ALBERTA

Limited to one entry into Canada
from January 13, 1988 to February 28, 1988.

Autorisation donnant droit à une seule entrée au Canada
du 13 janvier 1988 au 28 février 1988.

The issuing organization certifies that th
photograph is a true likeness of the be
travelling to Canada to attend the XV Ol

L'organisme émetteur certifie que les
sont exacts et que la photographie es
assister aux XVes Jeux Olympiques d'

INTERNATIONAL OLYMPIC COMMITTEE
COMITÉ INTERNATIONAL OLYMPIQUE

PRESIDENT PRÉSIDENT

XV OLYMPIC WINTER GAMES ORGANIZING COMMITTEE
COMITÉ D'ORGANISATION DES XVes JEUX OLYMPIQUES D'HIVER

CHAIRMAN PRÉSIDENT DU CONSEIL

PRESIDENT PRÉSIDENT

Berlin
PLACE / LIEU

PR

SECRETARY

LABATT'S & OCO '88
PRESENT
LIVE IN CONCERT
BRYAN ADAMS
CALGARY OLYMPIC VILLAGE
SATURDAY FEB 20, 1988
19:30 HRS
ADMIT ONE
COMP
BASS
Ticket Service Ltd.
DDR-Mannschaft
z.Hd. Katarina Witt
Olympic Village
Calgary
Kanada
PAR AVION
BY AIR MAIL

Manchmal schenkt man sich durch Ignorieren erst recht Aufmerksamkeit!

Im Cowboyhut erobere ich im Schaulaufen die Herzen der Kanadier und mit Michael Jacksons „Bad" rocke ich die Bude.

Die Zuschauer & Medien flippen total aus.

MAGAZINE FROM THE GERMAN DEMOCRATIC REPUBLIC 2/88

ORGAN DES ZENTR...

Auf internationaler Pressekonferenz i...

Katarina Witt vor über ... Journalisten aus aller ...

Die Olympiasiegerin von Sarajevo, dreifache W... Europameisterin beantwortete eine Stunde lan...

Von unseren Berichterstattern

Im Blitzlicht der Kameras nimmt Katarina Witt interessiert der Journalisten entgegen. Der Saal – 608 Sitzplätze – Bei den täglichen Pressekonferenzen in Calgary ist er je tung der Sportler, die sich vorstellen, gemeinhin von 3 nalisten frequentiert Telefotos: ZB/M

for five games Page D-4

SPO...

MONTREAL, SATURDAY

QUEEN KATARI...

Bardot pout, skating talent ma...

By JACK TODD of The Gazette

CALGARY — On the night of Aug. 12-13, 1961, four years before Katarina Witt was born, construction began on the Berlin Wall, the barbed wire and concrete slash which divided East and West Berlin to spawn 10,000 spy novels and to become the most tangible symbol of the Cold War.

East of the wall, if you read the spy novels and the popular press, life was cold and dank and dreary. The state was everywhere, creature comforts were few, the people stolid and grey and unimaginative.

Enter Katarina Witt. Vavoom!

The greatest pout since Bardot, and she could land a triple Axel too.

Three world championships and an Olympic gold medal later, Katarina Witt is the most visible and glamorous product of the sports system of the German Democratic Republic, which produces great athletes faster than the Japanese make Toyotas.

Tonight at the Saddledome, Witt will be trying for her second Olympic gold medal in a Games badly in need of a superstar.

She will have her hands full. Debi Thomas of the U.S. and Elizabeth Manley of Canada are both in a position to challenge

THE NEW YORK TIMES, SUNDAY, FEBRUARY 28, 1988

WINTER OLYMPICS

Witt Wins Another G...

Continued From Page 1

surrmountable.

"Do the program; you're the best, this is your moment," Thomas was told by her coach, Alex McGowan, as she skated onto the ice.

But she could not take advantage of it. She faltered on her opening combination, a difficult triple-triple, and she fell out of another triple jump later in the program.

"I didn't feel over my feet at all," Thomas said. "I'm not making any excuses. I was really skating well this week. This wasn't supposed to happen. I tried."

Thomas looked devast...

...yalty

Eiskönigin Katarina – immer im Mittelpunkt

Grim figure

Junge...

...V. Olympische Wintersp...

DDR-Spo... wie noch...

Olympia-EXTRA Seite X

Welche Carmen darf sich mit der Olympiakrone schmükken? Die verführerisch-attraktive Katarina Witt aus Karl-Marx-Stadt – oder die dunkelhäutige Amerikanerin Debi Thomas aus San Jose in Kalifornien? Der Eiskunstlaufbewerb der Damen steht ganz im Banne dieser völlig konträren Persönlichkeiten, die eine kuriose Gemeinsamkeit haben: Beide laufen nach der gleichen Kürmusik: „Carmen" von Georges Bizet.

Unterschiedlich wie ihre Ausstrahlung ist auch die Art der Carmen-Interpretation, mit der die beiden alles überstrahlenden Figuren des Damen-Eiskunstlaufs ihr Ziel realisieren wollen: hier Sexy-Katarina mit einer klassischen Carmen, die die Männer becirct und – ganz nach Bizet – auch in einer klassischen Sterbeszene endet; dort die sportive De-

Carmen gegen Carmen

Emmerich Danzer über das Duell der Duelle

KATARINA WITT...wins over media.

Witt's a star off ice, too

By RITA MINGO Calgary Sun

CALGARY — She's been called a flirt, a coquette, a femme fatale.

She's also been called the greatest.

Katarina Witt, the queen of ladies figure skating, had her audience with the media yesterday, roughly 450 strong. The whirr of the cameras accompanied her grand entrance into Archie Boyce Pavilion.

"What's happening here?" the East German skater asked, facetiously, as she came through the door, looking incredulously at the hordes waiting to hang on her every word.

"Just started studying acting a year ago," she explained, moving back and forth from German to English. "That's not much time. My main role is on the ice now."

It's on the Saddledome ice — in over a week — that Witt plans to add another Olympic gold medal to her vast resume. In doing so, she'll have to overcome a number of adversaries, American Debi Thomas first and foremost.

...showdown

Witt und Debi Thomas ist der Höhepunkt der Winterspiele

auf die Füße?"

Zweikampf ist, der zum Höhepunkt der verwehten Winterspiele von Calgary zu werden verspricht. Gegen das Schmuckstück des Sozialismus tritt die Amerikanerin Debi Thomas, 20, an. Die US-Meisterin „war noch nie so gut wie jetzt" und hält dem Kati-Rummel selbstbewußt entgegen: „Wenn ich alles bringe, was ich kann, dann schlägt mich keine."

Wenn die kraftvolle Debi Thomas über das Eis jagt, „teilt sich zwar nicht das Meer", meint ein amerikanischer Thomas-Fan, wie es bei Katarina Witt zuweilen den Anschein habe. Aber auch die hübsche West-Athletin, erste schwar-

ze Olympia-Sportlerin ihrer Disziplin, reißt die Zuschauer von den Sitzen und die Preisrichter zu Höchstnoten hin: Sie schraubt sich auf dem Eis zu Doppel- und Dreifachsprüngen höher als die Konkurrenz, steht die schwierigsten Kombinationen und zeigt den Elfen auf der Spiegelfläche, wieso Eislaufen ein Sport ist.

Gleich zum Auftakt ihrer Olympiakür will der Wirbelwind in einem „Triple-Triple", wie die Kombination aus zwei Dreifach-Sprüngen im Jargon heißt, explodieren. Das sei „ein sehr schwieriges Element", räumt Katarina Witt ein und fügt trotzig hinzu: „Aber ich mach' das nicht, und darauf kommt es auch gar nicht an."

Vielmehr wollten Publikum und Preisrichter am kommenden Samstag wissen, „wer die bessere Carmen ist". Die beiden Stars haben sich für ihre Kür die Opernmusik von Georges Bizet ausgesucht.

Ausgerechnet jenes andalusische Teufelsweib, das sich die Männer so lange nimmt, bis ein eifersüchtiger Liebhaber es schließlich ermordet, dessen anarchische Sinnlichkeit Männerphantasien seit Generationen anheizt, wollen die Sportsmädel aus Kalifornien und Karl-Marx-Stadt aufs Eis zelebrieren.

Für die Interpretation der undurchschaubaren Spanierin dürfte die Lebenserfahrung der Katarina Witt mehr hergeben. Kenntnisreiche Reporter aus der DDR referieren gern aus dem Lieb…

Ganz Calgary ist heiß auf

Katarina Witt: Ein Star in beiden Welten

Calgary (dpa). Katarina Witt hatte den Ellenbogen auf die Tischplatte gestützt, ihr Kinn ruhte auf den gebogenen Fingern der halb zur Faust geschlossenen Hand. Sie lächelte.

…tt winner

The New York Times

Sports

'88 WINTER OLYMPICS

Witt Is Gold Medalist for a S…

Calgary. She overtook Debi Thomas, who settled for the bronze.

The New York Times/Jose R. Lopez

Montag
Berlin
29. Februar 1988
42. Jahrgang / Nr. 50 A
ISSN 0323-8601
Einzelpreis 10 Pf

Organ des Zentralrats der FDJ

…n in dieser Nacht in Calgary zu Ende

…er erfolgreich

Carmen (DDR) eroberte Gold

RICKEY N… INTO LOU
Michael Kay/Page 46

WAR!

Debi & Katarina fight for the gold

By DOUG GOULD

CALGARY — It's the seductive showgirl against the athlete. Katarina Witt vs Debi Thomas. Their … phies, personalities and dream… the Saddledome ice…

…a Witt practises her figures …gure skating competition gets

DDR-Olympiamannschaft am Dienstag

Willkommensgruß auf dem Flughafen Berlin-Schönefeld für unsere bisher erfolgreichste Mannschaft

Sportliches Können und Kampfgeist haben zu dieser großartigen Position geführt

Dank an alle, die zum guten Abschneiden beigetragen haben

Frank-Peter Roetsch: Wir waren immer verbunden mit der Heimat

Vor über 100 000 Jugendlichen kündige
ich im Juni '88 Bryan Adams an, der
auch durch meine Einladung auf dem
„Friedenskonzert" der Ost-West-Kooperation
von FDJ und „Künstler in Aktion" erstmals
im Osten spielte.
Mit ungeheurer Disziplin überhöre
ich die Pfiffe, die ich stellvertretend
für die DDR an dieser Stelle einstecken
muss.

CAUGHT IN THE ACT
LIVE PERFORMANCE

BRYAN ADAMS
Station Weissensee
East Berlin

"Tear down the barricade, listen to what the kids say, around the world or around the block, everywhere I go, the kids wanna rock."

Those words took on a whole new meaning as Canada's Bryan Adams performed before 120,000 East German youths on the communist side of the Berlin Wall. Far from trying to incite a rally against the G.D.R., Adams was appearing as the guest of that government's Free German Youth Organization.

East German World figure skating champion Katarina Witt, who met Adams when he entertained the Olympic athletes with a private concert in Calgary, introduced him to the monster crowd, and a landmark music event was set into motion.

Headlining a bill that also featured three German bands plus Scotland's Big Country, Adams turned in a performance which did as much for international goodwill as any Summit conference.

Adams' easy-going personality and grassroots rock styling found a receptive audience in the East Germans, who were obviously excited by the novelty of such a large-scale event. They surprised

NEIL PRESTON

AFTER MEETING BRYAN ADAMS AT THE OLYMPICS, KATARINA WITT INVITED HIM TO PLAY IN EAST BERLIN.

KATHERINE T. WHITE

CANADA

Having supported almost every other cause on this planet, **Bryan Adams** did his best for glasnost June 19th, when he headlined a concert for 120,000 East German rock fans at the Wiebensee Stadium in East Berlin.

The concert, staged in conjunction with a historical meeting for Nuclear Weapon Free Zones and hosted by East Germany's Free German Youth organization, was the first ever multi-act musical event staged in that country.

Supported by Scotland's **Big Country** and three German groups, Adams turned in a career highlight performance, drawing a rave response from the packed crowd, many of whom seemed familiar with his songs.

Bryan Adams turned in a stellar performance before 120,000 East German youths on the communist side of the Berlin Wall, while a live television broadcast beamed the concert throughout the Eastern Bloc. On the same night, on the other side of the Wall, Michael Jackson performed before 30,000 West Berliners...

The three-day event (**James Brown** and **Marillion** headlined the first two nights) was hosted by Olympic and World figure skating champion **Katarina Witt**, a friend of Adams since he performed for the Olympic athletes in Calgary.

"When I met him there, I said you should come and sing in my country and now I am so happy he is here," the beautiful athlete explained in flawless English. "It means so much for the young people to have concerts like this. It's great for them to hear so many different bands from different countries. I hope we get more shows like this."

For his part, Adams was delighted with the crowd reaction and felt the Nuclear Free Zone concert was a good idea.

"I don't think young people want to know about nuclear weapons anymore," he said. "That's all politics and big business. But it's kids like these who are going to grow up and have their own say pretty soon. And I think it's this generation that will put a stop to nuclear weapons."

The East Berlin stop was part of a

Um Profisportlerin werden zu dürfen, ging ich einen Deal mit der damaligen Sportführung und – man kann es heute kaum glauben – auch mit der Regierung ein. Ich musste in Calgary zum zweiten Mal Olympiasiegerin werden. Meinen Teil der Verabredung konnte ich zum Glück erfüllen, daher ließ man mich ziehen. Bisschen Zähneknirschen hörte ich trotzdem.

Ich wurde bei »Holiday on Ice« warmherzig aufgenommen, hatte nette Kolleginnen, lustige Eispartner und große Plüschbären zum Knuddeln. Als Gaststar der Revue wurde ich in fünf Städten gefeiert. Die Show hieß »In 80 Tagen um die Welt«, nach dem Roman von Jules Verne, und ich war die schillernde Prinzessin Aouda. Ein bisschen ironisch war das schon, da ich ja immer noch Bürgerin der DDR war und man normalerweise auch in 1000 Tagen nicht um die Welt gekommen wäre.

Frau Müller hatte sich für mich uneigennützig eingesetzt, damit ich nach meiner Amateurlaufbahn als Profi weitermachen durfte. Ich war sehr froh und dankbar, sie auch hier an meiner Seite zu wissen. Nach Jahren voller Disziplin, minutiöser Trainingspläne und ständiger Aufsicht gab sie mir Halt und Selbstvertrauen in einer neuen Showwelt, an deren Glitzer und meterlangen Federschmuck ich mich erst gewöhnen musste. Frau Müller war bei allen Premieren dabei und sorgte dafür, dass ich nicht gleich am Anfang »ausrutschte«. Sie gab mir vor allem Tipps, wie ich mit der für mich damals viel zu kleinen Eisbahn zurechtkommen konnte. Ich wollte ja weiterhin meine Dreifachsprünge zeigen. Allerdings war mein Anlauf einige Male so kraft- und schwungvoll, dass ich manchem Zuschauer fast auf den Schoß sprang.

Knuddelige Bären hin und lustige Clowns her, die Tinte des Vertrags war noch nicht ganz trocken, da wusste ich schon: Ich will eine eigene Eisshow. Man könnte meinen, ich wäre gierig gewesen. Ja! Gierig, kreativ zu sein!

Sogar Udo Jürgens besuchte die Show in Zürich.

Frau Müller gab allen, wie gewohnt, den letzten Schliff.

Kati

Holiday On Ice

Regeln und Vorschriften der Gesellschaft

gelegt und von den Gagen abge… auf einem Verwahrkonto gesammelt und zum Vor… truppe verwendet.

Wenn jedes Mitglied der Gesellschaft seine Arbeit mit etwas Überlegung tut, dann wird es keine Möglichkeit geben, daß jemand bestraft werden kann.

Wollen Sie gegen eine Strafe Protest einlegen, dann wenden Sie sich an die Leitung. Diskutieren Sie Ihren Protest nicht mit anderen Mitgliedern der Truppe. Die können Ihnen nicht helfen, und mit solchen Diskussionen wird nichts erreicht. Die Leitung wird immer ein offenes Ohr für Ihre berechtigten Beschwerden haben und wird sich bemühen, sie anständig zu behandeln.

Wir glauben, daß wir sicher mit Ihrer weiteren guten Zusammenarbeit rechnen können zur Aufrechterhaltung des Niveaus unserer Organisation und unserer einzelnen Mitglieder.

Show-Führung

Alle Mitglieder der Gesellschaft (Personal und Truppe) müssen vor jeder Veranstaltung, in den Pausen und nach jeder Veranstaltung die Aushänge am Anschlagbrett lesen. Sie beziehen sich besonders auf den Ablaufplan und andere wichtige Informationen. Das Anschlagbrett ist das einzige Mittel der Leitung, um rasch mit allen Mitgliedern der Gesellschaft

Den Verhaltensregelkatalog habe ich bis heute noch nicht gelesen.

CAESARS
PALACE
Katarina
Witt

In den USA fingen nun wirklich für unsere Generation die »Heydays« des Eiskunstlaufens an. Zwischen 1988 und 2003 absolvierte ich 15 erfolgreiche und fast immer ausverkaufte Tourneen durch die USA und Kanada. Ob »Tom Collins Tour«, Brian Boitanos und meine Tourneen »Skating«, »Stars on Ice« oder »Champions on Ice«. An Weihnachten verabschiedete ich mich regelmäßig von Familie und Freunden, und zu Ostern war ich pünktlich zur Eiersuche wieder daheim. Mittlerweile lebte ich auch in New York und Los Angeles. Diese Jahre waren echt aufregend, auch lehrreich, vor allem turbulent, und ich denke gern an all diese ungeheuer intensiven Momente zurück.

Ich drehte 13 eigene TV-Specials für amerikanische Sender wie »Divas on Ice«, »Katarina & Friends« oder »Kisses on Ice«. Es gab zahllose Profiwettkämpfe, die für das Fernsehen kreiert wurden, da es anscheinend einen unstillbaren Hunger nach »Was immer on Ice« gab. Selbst die ARD und das ZDF zeigten noch Eisshows.

Weltstars wie Aretha Franklin, Renée Fleming, Audra McDonald, Diana Krall und Ute Lemper traten in meinen Shows auf – oder gaben ihre eigene Show direkt nebenan, wie Frank Sinatra. Vor allem aber tourte und arbeitete ich mit den Eiskunstläufern zusammen, die bisher meine größten Konkurrenten gewesen waren. Jetzt verband uns nicht nur Respekt voreinander, sondern es entstanden auch großartige Freundschaften, die bis heute bestehen.

In dieser Zeit konnte ich mich wirklich kreativ austoben, eigene Ideen entwickeln und umsetzen. Mit Livemusik von erstklassigen Künstlern und mit stimmungsvollen Lichtszenerien schufen wir eine neue Dimension von Eisshows. Alles sollte perfekt sein. Bei den Fernsehproduktionen setzte ich mich oft sogar noch in den Schnitt, bis ich auch wirklich mit jedem Schnipsel zufrieden war.

Manchmal verdamme ich diese gnadenlose Disziplin und Perfektion, mit der wir Leistungssportler erzogen sind. Es kann ein Fluch sein, wenn man nicht irgendwann lernt loszulassen.

NO
ARENA
CITY ORDINANCE

Beliebtes Kabinen-Posing.
Wäre heute sofort auf Facebook & Co.

FOR KATARINA -
DONT FORGET ME! B.B.

Während des Drehs
zu Brians „Canvas On Ice"
im damaligen Karl-Marx-Stadt
und Paris.

Uns verbindet eine großartige Freundschaft.

Für das TV-Special von David Foster, einem der erfolgreichsten Songwriter, kreierten wir in Toronto eine romantische Eisatmosphäre mit „Vollmond".

Danach konnten wir ihn überreden,
im Restaurant einfach weiter
für uns zu spielen.

Bei den Shows habe ich die Proben geliebt: Aus Ideen auf Papier entstand Wirklichkeit.

Mal endlich nicht
nur Einzelläuferin.
Die Gruppen- und
Paarchoreografien
waren das
reinste Vergnügen.

Durch Zufall begegnete ich zur Jahreswende 1988/89 dem Filmproduzenten Thomas Bürger. Ich erzählte ihm von einem verrückten Gedanken, der mich beschäftigte, seit ich bei den Olympischen Spielen 1988 mit meiner Kür meine Leidenschaft für den Charakter der »Carmen« und meine Liebe zur spanischen Musik entdeckt hatte: Man könnte doch die gesamte Oper als »Eisfilm« erzählen. Thomas Bürger biss sofort an und überzeugte Bernd Eichinger davon, diesen Film mitzurealisieren. Ich wiederum überzeugte die DDR-Verantwortlichen und bekam tatsächlich grünes Licht für eine unvergessliche Eis-Oper-Kino-TV-Produktion.

Gedreht wurde an Originalschauplätzen in und um Sevilla. Dazu wurde Eis auf die Straße gelegt und ein sandiges »Zigeunerlager« vereist. Das hatte es in der Welt des Eiskunstlaufens und der Oper noch nicht gegeben. Die beiden einstigen Konkurrenten auf dem Wettkampfeis und besten Eiskunstläufer ihrer Zeit, Brian Boitano und Brian Orser, waren die absolute Traumbesetzung für die Rollen des Sergeanten »Don José« und des Toreros »Escamillo«. Ich spielte die verführerische Zigeunerin »Carmen«, zeigte ihre lebensfrohe, feurige, stolze, verspielte, aber auch ihre tragische Seite. Sandra Bezic inszenierte gemeinsam mit Michael Seibert eine einmalige Choreografie, und der Regisseur Horant H. Hohlfeld hielt alles in dieser ungewöhnlichen und einzigartigen Kulisse filmisch fest.

Die Dreharbeiten gehörten zu meiner schönsten Zeit als Eiskunstläuferin. Allerdings war es auch eine unglaubliche körperliche Anstrengung und Herausforderung. Choreografien entstanden über Nacht bzw. teilweise direkt am Set. Im Ergebnis sieht es so aus, als wäre alles monatelang geprobt. Außerdem fiel mitten in den Dreharbeiten erst die Mauer – und dann fiel die Presse über mich her. Das eine war ein Geschenk, das andere eine große Verletzung.

Belohnt wurden wir drei Hauptdarsteller in den USA 1990 mit dem Emmy Award in der Kategorie »Outstanding Performance in Classical Music/Dance Programming«.

Die Spanier dachten, wir sind verrückt, als sie vor ihrer Stierkampf-Arena Eis sahen.

Diese „Sterbeszene" musste ganz flott gehen, weil Brian zum Flieger wollte, um Weihnachten zu Hause zu feiern.

Vertriebsgesellschaft mbH
Wilhelmshöhenstr. 2a
D-8130 Starnberg
08151/8062

CAMERA: Klaus König
PRODUCER: Thomas Bürger

Witt 701

Prod. Off.: (95) 457 00 40
Hot. Porta Coeli, Sevilla
Avda. Eduardo Dato, 49-51

Office 1st Floor Ext. 117
Sala Trajano Ext. 639
Financial Off. Ext. 327

CALL SHEET
Friday, 10th of Nov., 1989
10. Shooting Day

Rehearsal
(K. Witt and B. Orser) : 17.00 h

Start of shooting : 19.30 h

: 04:00 h

End of shooting: 3.30 h

Bild 1 TABAKFABRIK

Props:

Meal-Break:

ACTORS

Carmen
Escamillo
Don Jose
Ballet

Andrea Loschko
Aufnahmeleitung

In der Nacht vor diesem Dreh fiel die Mauer in Berlin. Am Liebsten wäre ich zurück geflogen, aber The Show Must Go On ...

Es war eine Meisterleistung der Choreografen dieses internationale Ensemble in Toronto, Sevilla & Berlin im Griff zu behalten.

Die Idee eines Kino-Oper-Eis-Films war etwas mutig. Unserem Mit-Produzenten Bernd Eichinger war das sicher bewusst.

Filmtheater Prager Straße
Dresden

Reihe		Sitz-Nr.
12	Mittel-Parkett	24

720

(87/9) BG 039
Auf Verlangen vorzeigen

Mittwoch - 7. Feb. 1990 * 20 00

Abriß als Eintrittsausweis ungültig
Mittel-Park.
12-24

…ufführung von

Carmen on Ice

am 7. Februar 1990, bitten wir Sie zu einem kleinen Empfang ins Hotel Bellevue, Bankettsaal.

Neue Constantin Film *Vegas Film*

Dunkler Anzug
Diese Einladung gilt für eine Person.
Sie ist nicht übertragbar.

…h,

freuen sich, Sie zur festlichen Welturaufführung des Films

Carmen on Ice

am Mittwoch, den 7. Februar, um 20.00 Uhr
in das Dresdner Filmtheater Prager Straße, einzuladen.

Dunkler Anzug

Diese Einladung gilt für eine Person.
Sie ist nicht übertragbar.

Bei den Winterspielen 1994 in Lillehammer trat erstmals eine gesamtdeutsche Mannschaft an – und ich war freudig ein Teil davon. Genau zehn Jahre nach meinem ersten Gold in Sarajevo! Ich wollte die olympische Weltbühne nutzen, um auf die seit 1992 andauernde Belagerung dieser Stadt im Balkankrieg hinzuweisen. Dieser Entschluss gab mir ein Jahr lang die Motivation, mich nochmals so körperlich zu quälen, wie nur wir Leistungssportler das tun. Ich wählte Pete Seegers Antikriegslied »Sag mir, wo die Blumen sind« als Kürmusik und holte mir dazu Seegers persönliches Okay. Unter der künstlerischen Betreuung von Kurt Masur entstand ein neues gefühlvolles Arrangement von Rainer Oleak.

Das Amateur-Eiskunstlaufen hatte seit 1988 an Popularität eingebüßt, der Profisport hingegen boomte. Deshalb hatte die ISU die Satzung geändert und ermöglichte es Profis, sich reamateurisieren zu lassen, um an den Spielen teilnehmen zu können. Nach meinem Kurzprogramm zur Filmmusik von »Robin Hood« lag ich auf Platz sechs. Vor der Kür legte ich wie früher meine Hand auf die Bande, Frau Müller ihre bestärkend oben drauf, bis sie mich nickend zur Mitte des Eises entließ. Ich hörte noch den unverwechselbaren Pfeifton meines Papas. Es war das erste Mal, dass meine Eltern und engsten Freunde bei den Olympischen Spielen live dabei waren, weil sie endlich auch reisen durften. Und sie teilten mit mir den schönsten, wichtigsten und emotionalsten Moment meines Sports.

Die Sprünge gelangen mir an diesem Abend nicht wie geplant. Dabei hatte ich eine Startnummer, die ich früher besonders geliebt hatte: letzte Gruppe, letzte Läuferin. Größtmöglicher Druck. Ausweg: keiner.

Was man auf dem Foto links nicht sieht, sind die Worte, die ich ans Publikum richte: »I am so sorry.« Das Schönste war, dass keiner meine Entschuldigung hören wollte. Die Begeisterung, vor allem der deutschen Fans, über mein Comeback zeigte mir, dass ich im vereinten Deutschland auch endlich angekommen war. Und ich hatte meine Mission für Sarajevo erfüllt.

Bekenntnisse

„Die Norweger machten diese Spiele zu einem begeistenden Volk

Kati Witt

Kati Witt: Mein schönstes Olympia

Die ganz persönliche Bilanz des deutschen Weltstars nach drei Teilnahmen an Olympischen Winterspielen. Dazu gehören viele positive Eindrücke, aber es fehlt auch nicht eine Reihe kritischer Töne

Kati Witt (28) wurde Olympia-Siebte

Freundschaftlicher Händedruck: Trainerin Jutta Müller und Katarina

WINTER OLYMPICS

Witt will represent Germany

Enquirer news services

COPENHAGEN, Denmark — Katarina Witt faced the challenge of making the Olympic team. Surya Bonaly faced the challenge of retaining her European title against the world champion.

Both achieved their goals at the European Figure Skating Championships Saturday. Witt made the German team for next month's Lillehammer Games and France's Bonaly won her fourth straight title by beating Oksana Baiul of Ukraine.

Witt, 28, the crowd-pleasing Olympic champion in both 1984 and 1988, held off Marina Kielmann in the battle for the German Olympic spot behind Tanja Szewczenko.

Witt finished eighth. After mi ing a double axel in Friday's sh program, in which she plac ninth, Witt, the European cham on from 1983-88, began to qu tion her ability.

"My ambition was to win place on the Olympic team an did it," Witt said. "I was hap with the program, especially w

Sag mir wo die Blumen sind...
Hier sind sie. Tulpen aus
Holland, für Sie, Katarina!
Lillehammer... Es war wieder
sehr schön... Herzlichen
Glückwunschen!
Eingeschlossen, auch eine eigene
Photo von das Denkmal
Carmens in Sevilla. Für ihre
Sammlung!
Katarina, haben Sie eine Photo
mit Autogram für mich, für
meine große Sportsammlung?
Danke vielmals...
Alles Gute für die Zukunft!
„Daag"! Ein „fan"
aus Holland.

Witt (r.) vollendete ihren olympischen Traum in guter Haltung — Fotos: Bauman

Exuberant Witt's smile is golden, chances aren't

By Mark McDonald
Dallas Morning News

The Associated Press
y bear given to
atarina Witt

— When she saw the sign
e Olympic Amphitheater, bold
everything would be all right.
is sport needs your art."
Germany's Katarina Witt gave
technical program was *wun-*
h to put her into sixth place.
e screamed as she stepped off
down her face. "What the hell,
od program, and I did
it, and I did."
12,000. They showered the two-
th flowers, stuffed bears, and
otel-room keys from would-be

r, too, even though her scores
re low. Witt, 28, skates slowly
erate, and she has clearly lost
nd gold medal in 1988.
or her technical deficiencies
her program, skated to the
in Hood, Prince of Thieves."
pletely different to me now,
ous Olympics," she said. "I'm
'm 10 years older than most
feels funny to watch them."
ouse here in Hamar, and it's
family.
she said. "I wanted to show
e — my skating."
ixth, she has virtually no
he difficulty of her free
for two-thirds of the final
on to those of the younger

nind at all.

February 28. 1994

Dear Katarina,
I just wanted to thank you
for your olimpic tribute to the
people of Sarajevo. It moved me
very much. It cut so cleanly
ough the narrow-minded and
self-absorbed. It restored a clear
of the nobility of purpose and
agnanimity of spirit which
characterizes the life of
ity – Our best which
ably falters and feels dis-
tment and contrition. If
could all always act
ly as we care.
you can ...

illionen sahen den Kampf der Eis-Königinnen

Kati

Von uns kriegst du Gold

Heute ab 19.25 Uhr: Die Welt schaut nach Lillehammer. **Die Welt schaut auf Kati Witt.** Bei der olympischen Eislauf-Entscheidung wird sie als letzte aufs Eis gehen. **Sie wird die letzte große Kür ihres Lebens laufen.**

Und sie wird uns noch einmal verzaubern. Schon beim Kurzprogramm sahen allein in Deutschland sagenhafte **11 Millionen den Kampf der Eis-Königinnen**. Den Absturz der Hexe Tonya Harding. Und den sensationellen 6. Platz unserer Kati.

Sie wird heute (fast sicher) keine Medaille holen. **Aber von BILD kriegt sie trotzdem Gold.** Für ihre unerreichte Ausstrahlung. Für ihren Mut, noch einmal dieses Comeback zu wagen.

Alles über den größten Eis-Krimi aller Zeiten – im SPORT.

S T E V E N   S P I E L B E R G

February 27, 1995

Dear Katarina,

I'm sorry I wasn't able to track down my first correspondence. I simply wanted to say how touched and moved I was by your very emotional representation of SCHINDLER'S LIST in your dance performance. It's been so incredibly fulfilling not just to see that SCHINDLER'S LIST was accepted in almost every country on the planet, but, most importantly, that it was received so openly in Austria and Germany. My hope is that young people who see the story of Oskar Schindler will not stop there, but will demand of their parents and of their teachers to tell them everything about what happened 50 years ago. Germany took a huge step in a profound direction, and I understand there are many social studies courses now being taught in lower and upper level schools to answer everyone's questions.

I've been a big fan of yours for a long time. You are a movie star on ice, and I hope to work with you someday.

All my best,

SS/sh

100 Universal Plaza, Bungalow 477 • Universal City, CA 91608 • 818.777.4600

Steven Spielbergs Meisterwerk „Schindlers Liste" ließ mich lange nicht los. In der Saison nach den Olympischen Spielen '94 verspürte ich den Wunsch, mit meinen Eis-Choreografien auch ein Zeichen zu setzen.
Deshalb wählte ich das Stück „Remembrances", herzzerreißend von dem großartigen Violinisten Itzhak Perlman gespielt.

The world was watching. So was the government.
The DIPLOMAT
NINE for IX
TRIBECA FILM FESTIVAL
AMERICAN EXPRESS FOUNDING SPONSOR
AMERICAN EXPRESS
TRIBECA FILM FESTIVAL
AMERICAN EXPRESS FOUNDING SPONSOR

Die Filmemacherin Jane Rosenthal lernte ich 1998 bei den Dreharbeiten zu »Ronin« kennen und schätzen. Nur deshalb ließ ich mich auf das Abenteuer einer amerikanischen Dokumentation über mein Leben ein, welche Jane 2013 für den größten US-Sportfernsehsender ESPN produzierte. Als ich beim legendären New Yorker Tribeca Film Festival »The Diplomat« zum ersten Mal gemeinsam mit vielen Sportfans anschaute, bekam ich selbst Gänsehaut.

Als Eiskunstläuferin habe ich es unendlich geliebt, in Rollen zu schlüpfen und mit der Musik, dem passenden Kostüm sowie der Choreografie Geschichten auf dem Eis zu erzählen. Deswegen freute ich mich, ab und zu für kleinere Filmrollen angefragt zu werden. Unter anderem hatte ich zusammen mit dem Footballspieler Troy Aikman ganze drei Sekunden Ruhm in dem Film »Jerry Maguire«. Tagelang probte ich meine vier Worte Text: »Glückwunsch, Jerry. Großartiger Job!«, und dabei schaute ich Tom Cruise aber so richtig tief in die Augen.

Ein Traum wurde wahr, als mich der grandiose Hollywoodregisseur John Frankenheimer in seinem rasanten Actionfilm »Ronin« 1998 unbedingt haben wollte und dafür extra das Drehbuch umschrieb. Als russischer Eislaufstar Natacha Kirilova durfte ich an der Seite von (oh my god!) Robert De Niro und Jean Reno spielen und starb mal wieder, diesmal zu Rachmaninows Paganini-Thema, den Rollentod.

Der wiederum blieb mir 2013 erspart bei meiner Hauptrolle in dem Sat1-Film »Der Feind in meinem Leben«. Ich spielte im Grunde mich selbst, aber die Story war frei erfunden. Akribisch bereitete ich mich mit professioneller Unterstützung von Teresa Harder auf die Rolle vor, so wie früher auf meine Wettkämpfe. Beim Dreh verließ ich mich dann auf meine Spielfreude, das hervorragende Schauspielensemble mit Matthias Koeberlin sowie Valerie Niehaus und die Führung des von mir sehr verehrten Regisseurs Bernd Böhlich. Die Schauspielerei machte mir ungeheuer Spaß, und die Eisszene am Ende ist auch mein echter endgültiger Abschied vom Eis. In einem kleinen vertrauten Kreis und so ganz ohne Publikum.

SENT BY: 4-16-96 : 9:48AM :GRACIE FILMS HEPBURN- :# 2/ 2

"JERRY MAGUIRE"
Jerry Maguire Productions, Inc.
10202 W. Washington Blvd.
Sidney Poitier Building, Suite 2214
Culver City, CA 90232
310. 280.6548 Ph / 310. 280.1530 Fax

16 April 1996

Ms. Elisabeth Gottman
Arts Und Promotion Organisation GMBH

FAX: 011.49.69.462377

Re: "JERRY MAGUIRE" - Katarina Witt

Dear Elisabeth:

As you are well aware Cameron Crowe, Tom Cruise and the producers are all anxious to have Katarina make an appearance in the film.

The scene in which they would like Katarina to appear takes place on the set of the Roy Firestone Show (ESPN interview program). In the scene, Rod Tidwell, the film's celebrated athlete played by Cuba Gooding, Jr. has just finished an interview with Mr. Firestone. It's a very emotional scene with Tidwell thanking everyone who has supported him on his road to success, most importantly his agent, Jerry Maguire. Jerry and Tidwell's family are waiting for him just off stage. Katarina and Troy Aikman will also be standing off stage awaiting their interviews. There will be some improvised exchanges between Jerry Maguire, Rod Tidwell, Katarina and Troy Aikman.

We are scheduled to shoot this scene on a stage in Hollyw[...]
may change by a day or two.)

Please give me a call (or fax) to [...]
available -- 310. 280.6548.

Hope your well.

Regards,

Cornelia Ryan
Assistant to the Co-Producer

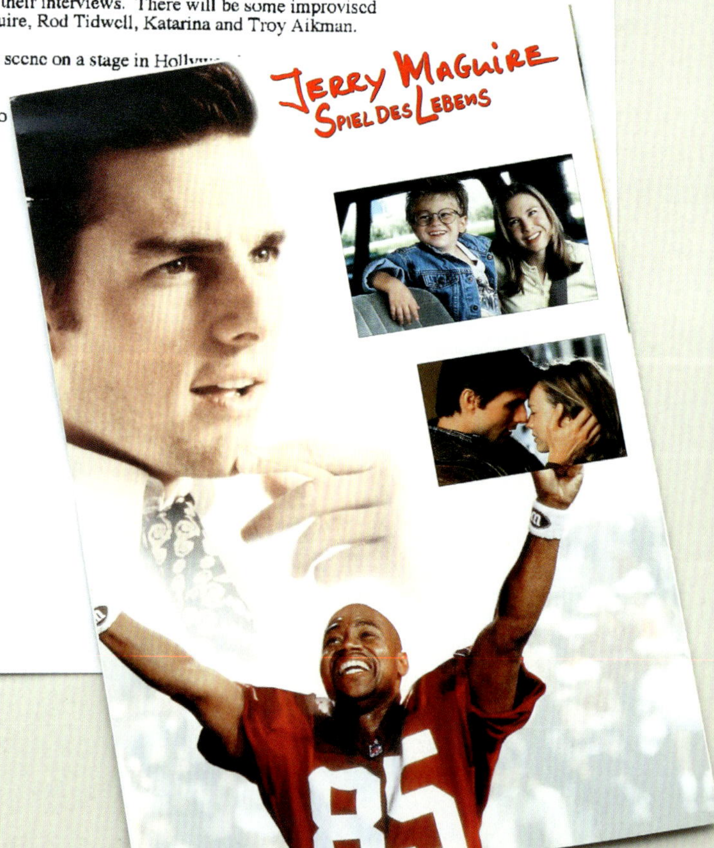

JERRY MAGUIRE
SPIEL DES LEBENS

PAUL ROBESON

UNITED ARTISTS CORPORATION, LIMITED
Productor: Franck MANCUSO JUNIOR
present
Ronin
Director of photography:
Robert FRAISSE
Director:
John FRANKENHEIMER

Eine Woche dauerten die Dreharbeiten in Paris für mich und keine Sekunde ist langweilig. Auch der Feierabend nie. Mit Bob und Stellan Skarsgård noch zu fachsimpeln ist ja wohl wirklich ein Privileg.

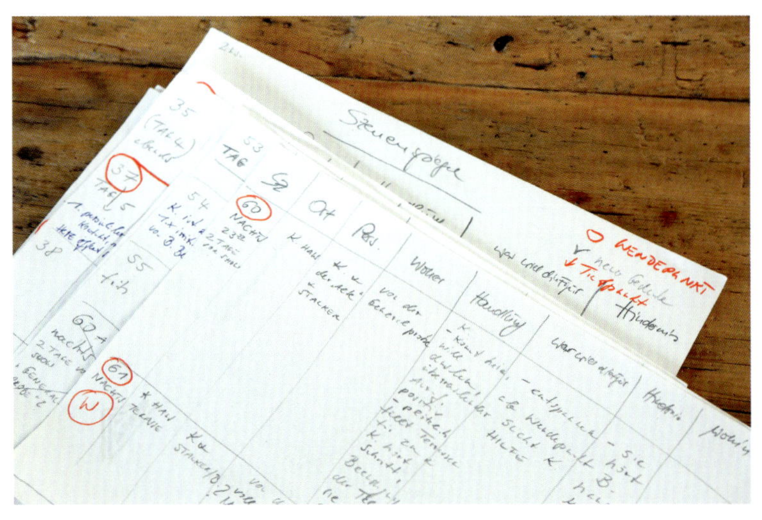

Die ersten Probeaufnahmen zu „Der Feind in meinem Leben" in Berlin.

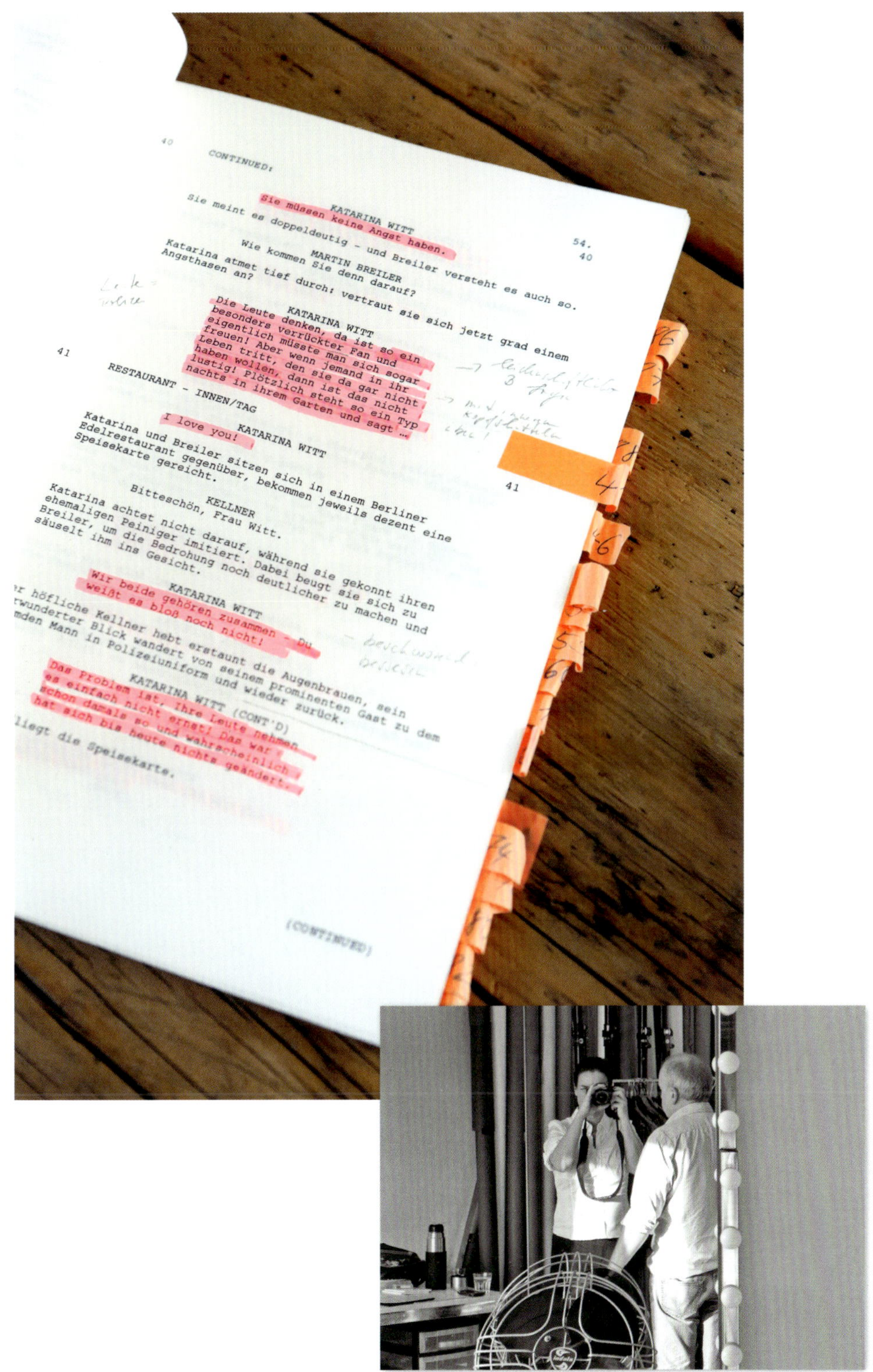
40
CONTINUED:
54.
40
KATARINA WITT
Sie müssen keine Angst haben.
Sie meint es doppeldeutig – und Breiler versteht es auch so.
MARTIN BREILER
Wie kommen Sie denn darauf?
Katarina atmet tief durch; vertraut sie sich jetzt grad einem Angsthasen an?
KATARINA WITT
Die Leute denken, da ist so ein besonders verrückter Fan und eigentlich müsste man sich sogar freuen! Aber wenn jemand in ihr Leben tritt, den sie da gar nicht haben wollen, dann ist das nicht lustig! Plötzlich steht so ein Typ nachts in ihrem Garten und sagt …
KATARINA WITT
I love you!
41
RESTAURANT - INNEN/TAG
41
Katarina und Breiler sitzen sich in einem Berliner Edelrestaurant gegenüber, bekommen jeweils dezent eine Speisekarte gereicht.
KELLNER
Bitteschön, Frau Witt.
Katarina achtet nicht darauf, während sie gekonnt ihren ehemaligen Peiniger imitiert. Dabei beugt sie sich zu Breiler, um die Bedrohung noch deutlicher zu machen und säuselt ihm ins Gesicht.
KATARINA WITT
Wir beide gehören zusammen – Du weißt es bloß noch nicht!
er höfliche Kellner hebt erstaunt die Augenbrauen, sein
rwunderter Blick wandert von seinem prominenten Gast zu dem
mden Mann in Polizeiuniform und wieder zurück.
KATARINA WITT (CONT'D)
Das Problem ist, Ihre Leute nehmen es einfach nicht ernst! Das war schon damals so und wahrscheinlich hat sich bis heute nichts geändert.
liegt die Speisekarte.
(CONTINUED)

Ein besonderer Künstler seines Gebiets:
Georgios Tsicklis – Gogo

Bei der hollywoodreifen Abschlußfeier in SaltLakeCity 2002 rockten KISS, Kristi Yamaguchi & ich das Open-Air-Stadion.

MÜNCHEN 2018
Candidate City

Das sportpolitische Parkett ist glatter als manch frisch gewischte Eisbahn. Voller Euphorie und Leidenschaft flog ich als Kuratoriumsvorsitzende der deutschen Olympiabewerbung »München 2018« mit einem ebenso hochmotivierten Team um die Welt, um rund zwei Jahre lang bei unzähligen Sportkonferenzen, internationalen Wettkämpfen, Spielen, Foren und Präsentationen Gespräche zu führen und Überzeugungsarbeit zu leisten. Ich schüttelte ungezählte Hände und kuschelte mit mehr Maskottchen, als Plüschtiere auf meiner Klappcouch im Jungmädchenzimmer lagen. Es gab sehr viele spannende Gespräche mit sehr vielen interessanten Menschen, die ebenso sportverrückt sind wie ich.

Ehrlich, ich möchte diese Zeit nicht missen, auch wenn sie mir viel abverlangt hat. Ich stand am Rednerpult in großen Sälen, stieg in Singapur, in Togo oder auch in Neuseeland aus dem Flugzeug, drehte Werbefilme in allen möglichen sportlichen Disziplinen. Die Mission, die Olympischen Spiele und deren Geist und gesamte Strahlkraft nach Deutschland zu holen, erfüllte mich von ganzem Herzen. Das gab mir die nötige Energie, um oft genug von früh um 6 Uhr bis auch mal nach Mitternacht durchzuhalten.

Diese Bewerbung mit anzuführen war eine Herausforderung, auf die mich niemand vorbereiten konnte und deren Ausgang mich bis heute traurig stimmt.

In unserer Abschlusspräsentation in Durban, Südafrika, hielten wir noch einmal ein leidenschaftliches Plädoyer. Am Schluss reichte es trotzdem nicht und Südkorea erhielt den Zuschlag. Unendlich schade. Hoffentlich hat Hamburg 2024 oder 2028 mehr Glück!

Ein Querschnitt meiner über 50 Reisen für „München 2018“

Maskottchen sind ein Muss im Sport und irgendwie wirft man sich ihnen immer in die Arme bzw. Tatzen.

(Vorherige Seite): Mit dem Bundespräsidenten flogen wir zur Fußball-WM nach Südafrika. Sein Auto war voll. Unseres noch voller.
Diesen Körpereinsatz stellte ich eigentlich pausenlos zur Verfügung.

MARKER
HALTI
GARMISCH PARTENKIRCHEN
GARMISCH PARTENKIRCHEN

Deutschland

Berchtesgaden - Königssee Berchtesgaden - Königssee
VIESSMANN

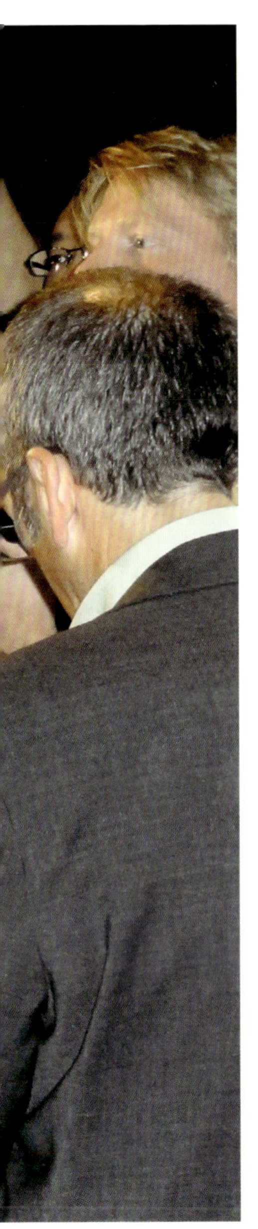

Es sollte nicht sein ...

Die Entscheidung, mich nach 37 Jahren als Eiskunstläuferin »vom Eise zu befreien«, fiel mir nicht ganz leicht. In einer zweistündigen Show wollte ich erzählen, wer mir in meinem Eisleben wichtig gewesen war und was ich erlebt hatte. So wie ich früher – mit Choreografien und Musik – Geschichten erzählt hatte, wollte ich nun 2008 meine Eiskarriere Revue passieren lassen.

Wie beginnt man eine Abschiedsshow? Vielleicht, dachte ich, sollte ich die Zuschauer an etwas teilhaben lassen, das hinter der Bühne passiert. Was der Öffentlichkeit verborgen mein immer wiederkehrender Alltag war. Kurzerhand ließ ich von meiner Kabine auf die Leinwand in der Halle übertragen, wie ich meine Schlittschuhe anziehe, festzurre und loslaufe. Und welche Musik passte besser dazu als »These Boots Are Made For Walkin«? Jeder Titel in der Show hatte einen Bezug zu meiner Vergangenheit, ob ein Pop-Medley aus den 80ern, 30 Sekunden des »Olsenbande«-Titelsongs oder »Sag mir, wo die Blumen sind«. Mein wunderbares Ensemble, das aus langjährigen Wegbegleitern wie Brian Boitano, Caryn Kadavy und Steven Cousins sowie jungen Talenten bestand, stellte ich zum Song »Black Betty« vor. Das furiose Ende der ersten Halbzeit bildete »Pirates«. Hier spielte ich die »Chefin« und teilte mir sechs »meiner« Jungs zu. Dabei machte sich das intensive Fitnesstraining bezahlt, denn fast sechs Minuten mit ihnen mitzuhalten, forderte echt Kondition.

Als ich in den 90ern mit Brian quer durch Amerika tourte, hatte ich den Jazz für mich entdeckt. Also durften der »Kat-Club« und das passende Jazz-Medley mit Songs von Louis Armstrong bis Diana Krall nicht fehlen. Selbst der Catsuit von 1992 passte noch. Für meine letzte »Carmen« ließ ich mir nicht nur ein neues Kostüm von Klaus Unrath, sondern auch eine moderne Musikversion von Uwe Hassbecker, dem Gitarristen von Silly, auf den Leib schneidern.

Und am Ende des 5. März 2008 stand ich dann mitten auf dem Eis und konnte, die ich nie um Schritte, Sprünge oder Choreografien verlegen war, keinen einzigen zusammenhängenden Satz ins Mikrofon sagen. Außer Danke.

Meine treuen Weggefährten:

Renée Roca, Uwe Kistner, Lee Ann Miller & Oliver Schmidtlein

GAZPR
GAZPROM

KATCLUB

Ein letztes Mal „Carmen"

So viel Eis,
so viele Träume,
so viele Abschiede,
noch so viel Leben!

Karl-Marx-Stadt,
im Februar 1988
Hallo liebe Tochterchen!
XV OLYMPISCHE WINTERSPIELE 1988
DDR
9620 Werdau 1
Katharina Witt
Member of the Olympic team
Democratic Rep
Canada
Hofheim, den 18.9.94
Hamburg, den 14.1.94
Oktober 2009
Hallo Katarina
Ich bin 14 Jahre alt und bin ein grosser Fan von dir.
Du warst eine fantastische Eiskunstläuferin. Ich finde
dich auch sehr hübsch. Ich habe mir auch den Playboy
gekauft (natürlich wissen meine Eltern nichts davon). Die Fotos
von dir gefallen mir sehr gut
Das Grösste wäre, wenn du mir
Geschenk schicken würdest
kameraden, die dich
Über ein
freue
2-27-94
Dear Katarina,
First, I have been a fan
of yours since your first Olympic
gold, and surely mean it when
I say, to me you will always
be the best on the ice. Even with
all the talent in the sport you
will always be the champ.
Just about an hour a
watched your performance
ice to the beautiful song
Have all The Flowers Gone
must tell you your pe
so beautiful in every
so surprised to hear you
the beginning. Such a beauty
For me your entire time on
ice was very emotional for me.
just because I am a fan only, but
the meaning behind your performance
HISTORIQUE JEUX OLYMPIQUES D'HIVER
LILLEHAMMER 1994
RÉPUBLIQUE CENTRAFRICAINE
200 F
SARAJEVO 1984
Katarina Witt
$1
PALAU
JUL 20 1994
FIRST DAY OF ISSUE
CALGARY'88
WINNERS
조선우표
DPR KOREA

Nach all den erlebnisreichen Jahren liegt vieles sorgfältig in Kisten verpackt. Meine allerersten Eiskleider habe ich für dieses Buch auf dem farbenfrohen Teppich platziert, den meine Großeltern 1940 bei der Umsiedlung aus Bessarabien mitnahmen. Ein Teil der Trophäen steht wohlbehütet im Büro, und zahllose Kostüme liegen liebevoll verpackt in Schränken. Porträts oder Kleider von mir »hängen« oder »stehen« in Museen, ich bin verewigt in der »Hall of Fame«, und für mich halte ich einfach nur die wertvollen Erinnerungen fest.

Gegensätzlicher kann ein Leben eigentlich kaum sein. Selbst in der damaligen DDR war es nie so grau, wie nicht nur manch Amerikaner dachte. 1965 werde ich in den Sozialismus hineingeboren, dort sportlich gefördert und, unvermeidlich, gelegentlich auch politisch benutzt. Als Eiskunstläuferin wurde ich im Osten wie im Westen gefeiert. Sport ist grenzübergreifend. Im Olympia-Jahr 1984 werde ich das »Sweetheart« der Amerikaner. 1989 beschimpft mich die Westpresse, und ein Jahr später werde ich gemeinsam mit 17 Millionen »Ossis« in die BRD aufgenommen.

Ich treffe verschiedene Menschen durch Zufall oder aus Bestimmung. Habe ich schon erzählt, dass ich glücklicherweise nie den US-Astronauten Buzz Aldrin fragte, wie es ist, als Zweiter den Mond zu betreten? Oder wie die Reaktion war, als Pierre Brice beim vegetarischen Charity Dinner für Paul McCartney in die Runde rief: »Isch 'ätte gern ein blutiges Entrecôte«? Warum mich Prinzessin Anne tröstend in den Arm nahm, oder warum ich Thomas Gottschalk so verehre? Nein?

Dies ist ein Bildband, und so soll es bleiben. Leider hat nicht alles zwischen die beiden Buchdeckel gepasst, und ich hätte noch so viele Bilder zu zeigen und so viele Episoden und so viele Geschichten zu erzählen. Aber vielleicht bleiben viele Momente besonders wertvoll, wenn sie nicht jeder kennt. Oder es gibt eben ein weiteres Buch.

So viel verrate ich aber noch: Bei Karats schönster Ballade »Schwanenkönig« kann ich nicht anders als weinen, und wenn ich musikalisch »Carmen« begegne, hebe ich meinen Kopf ein bisschen höher.

Und zu meinem Glück bin ich endlich bei mir angekommen.

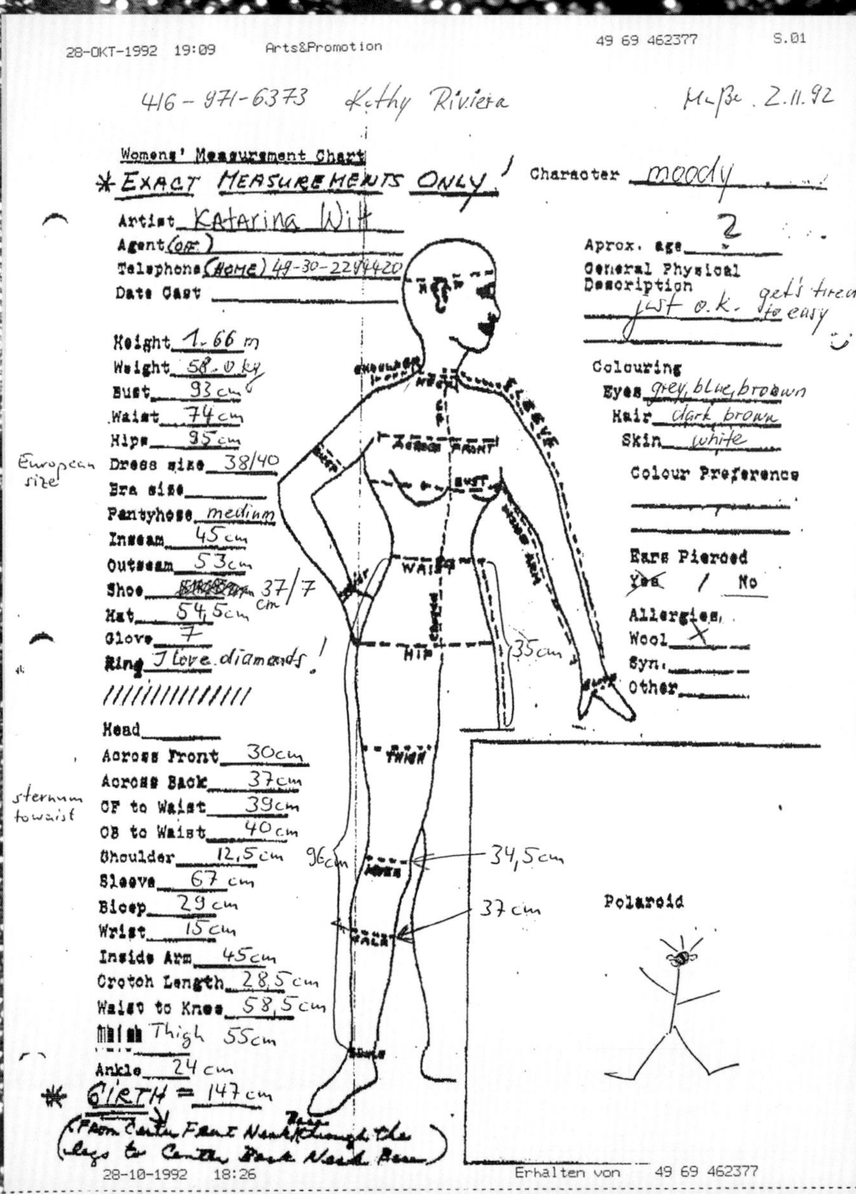

28-OKT-1992 19:09 Arts&Promotion 49 69 462377 S.01

416-971-6373 Kathy Riviera Maße. 2.11.92

Womens' Measurement Chart

*EXACT MEASUREMENTS ONLY!

Character moody

Artist Katarina Witt
Agent (OFF)
Telephone (HOME) 49-30-2294420
Date Cast

Aprox. age 2
General Physical Description just o.k. get's tired to easy :-)

Height 1,66 m
Weight 58,0 kg
Bust 93 cm
Waist 74 cm
Hips 95 cm
European size — Dress size 38/40
Bra size
Pantyhose medium
Inseam 45 cm
Outseam 53 cm
Shoe ~~[crossed out]~~ 37/7 cm
Hat 54,5 cm
Glove 7
Ring I love diamonds!

Colouring
Eyes grey, blue, brown
Hair dark brown
Skin white

Colour Preference

Ears Pierced
~~Yes~~ / No

Allergies
Wool X
Syn.
Other

//////////////

Head
Across Front 30cm
Across Back 37cm
sternum to waist — CF to Waist 39cm
CB to Waist 40cm
Shoulder 12,5cm
Sleeve 67 cm
Bicep 29 cm
Wrist 15 cm
Inside Arm 45cm
Crotch Length 28,5cm
Waist to Knee 58,5cm
Thigh 55cm
Ankle 24 cm

* GIRTH = 147 cm
(From Center Front Neck Base through the legs to Center Back Neck Base)

Polaroid

28-10-1992 18:26 Erhalten von 49 69 462377

Mein olympisches Gold von '84 und '88 eingebettet in den Kostümen meiner Kürprogramme.
Das Carmenkleid übrigens besitzt jetzt das Olympische Museum in Lausanne.

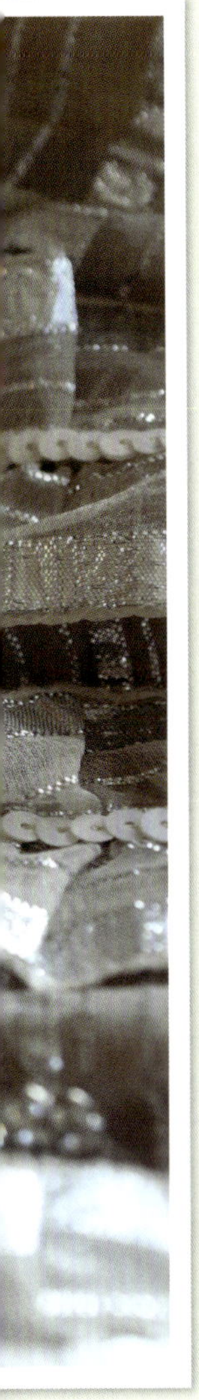

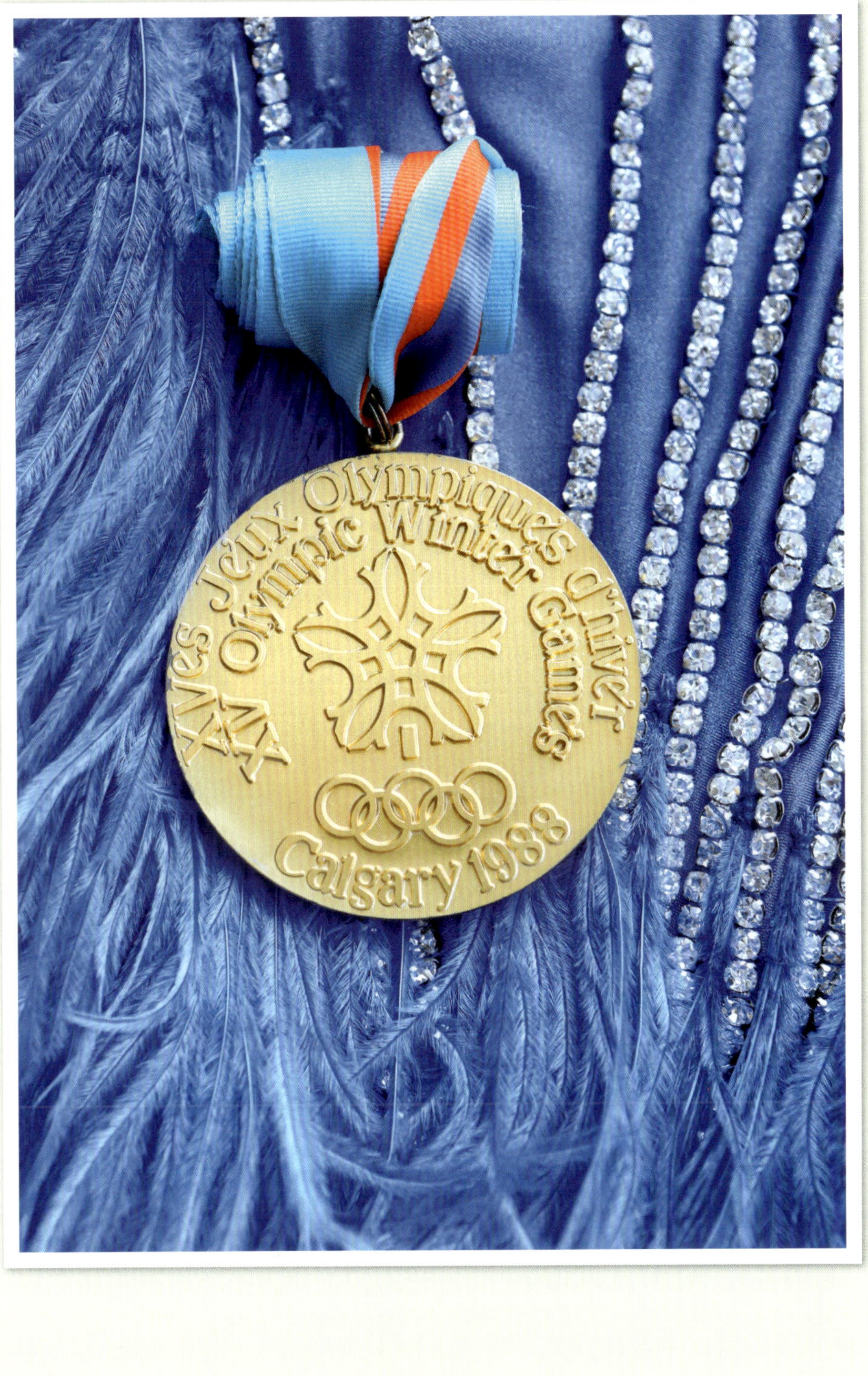
XVes Jeux Olympiques d'hiver
XV Olympic Winter Games
Calgary 1988

Katarina WITT
Katarina Witt
RUDERN
HANDBALL
TRAMPOLIN
RHYTH. SPORT
SPORTSCHIESSEN
BASKETBALL RENN
GEHÖRLOSENSPORT
MOD. FÜNFKAMPF TAEK
BAMBI '88
KATARINA WITT

1989-1990 PRIMETIME EMMY
OUTSTANDING PERFORMANCE IN
DANCE PROGRAMMING
CARMEN ON ICE
HBO
KATARINA WITT AS CARMEN

„Wall Of Fame"

KATRINA -
SORRY I MISSED
ON THE SET.
WE CAN
DESSERT

Die kleinen ungeschminkten Momente, ohne Trubel & Roten Teppich genieße ich heute besonders …

Edel Books
Ein Verlag der Edel Germany GmbH

Neumühlen 17, 22763 Hamburg
www.edel.com

Projektkoordination: Dr. Marten Brandt
Bildredaktion und Lektorat: Dorit Aurich | www.lektoratplus.de
Layout und Umschlaggestaltung: Groothuis. Gesellschaft der Ideen und Passionen mbH
www.groothuis.de
Lithografie: Frische Grafik

Printed in Germany
Druck und Bindung: optimal media GmbH, Glienholzweg 7, 17207 Röbel / Müritz

ISBN 978-3-8419-0323-5

... aber eigentlich
lieb ich doch
mein Publikum

:)

Bildnachweis

Es war leider nicht in allen Fällen möglich, die Inhaber des Copyrights an einzelnen Bildern zu ermitteln. Der Verlag bittet Rechteinhaber darum, berechtigte Forderungen zu melden. Fotos privat Katarina Witt, mit Ausnahme von:

24 (oben) Mittelstädt, 28 (Mitte) Thieme, 44–45 Richter, 45 Richter: ADN-ZB | 116 Simon Bruty: Allsport | 22, 34, 38, 80, 82 (unten), 83, 85: Pressefoto Baader | 4, 58–59: Till Brönner | 73 Colorsport, 78 Neal Preston: Corbis | 70 Jerome Delay/AFP, 72 David Madison, 111 (oben) Peter Bischoff, 122 Ben Gabbe, 145 (unten) Alexander Hassenstein/Bongarts: Getty Images | 24 (unten) Karl-Heinz Stana, 29 Werner Schulze, 33 (oben) ND-Archiv, 33 (unten) Werner Schulze, 36 Karl-Heinz Stana, 39 Thomas Zimmermann, 42 (oben) Camera 4, 42 (unten) Laci Perenyi, 43 Laci Perenyi, 47 (oben) ND-Archiv, 64 Camera 4, 66 (oben) ND-Archiv, 67 Camera 4, 71 (oben) Colorsport, 114 (oben) Camera 4: Imago | Vor- und Nachsatz, 1, 150–157: Manuel Kranert | 96–99: Birgit Lucke | 90–93, 102–103: Dirk Masbaum | 130–131, 132 (unten), 133: Sven Gülke | 6 Sven Simon, 44 (oben) dpa, 47 (Mitte) ZB, 47 (unten) ZB, 79 ZB, 134 dpa, 136 dpa: Picture Alliance | 6, 40, 121: Hans Rauchensteiner | 56–57: Gunter Sachs | 174–175: Christian Schertz | 26 Ulli Winkler, 28 (oben) Thomas Böhme, 41 Thonfeld, 66 (unten) ADN-Bildarchiv: Ullstein Bild | 6, 71 (unten), 76, 104–108, 109 (unten): Gérard Vandystadt/Agence Regards du Sport-Vandystadt.com | Dokumente und Objekte: Thilo Schoch, Berlin